현대문명의 묵시록
1차 세계대전사

머리말

왜 세계대전인가?

1914년부터 1918년까지 4년 동안 유럽에서 치러진 전쟁을 1차 세계대전이라고 한다. 유럽에서 벌어진 전쟁인데 왜 유럽전쟁이 아니고 세계대전일까?

가장 간단한 대답은 '미국=세계'라고 생각하는 미국인들의 오만 때문이라는 것이다. 'World War'라는 말은 1917년 미국이 참전하면서 본격적으로 사용됐다. 한국 프로야구 챔피언 결정전은 '코리안(한국)시리즈', 일본 프로야구 챔피언 결정전은 '재팬(일본)시리즈'인데 미국 프로야구 챔피언 결정전은 '월드시리즈'인 것과 비슷한 셈이다. 미국도 자국이 참전하기 전에는 '유럽전쟁'이라고 했고, 유럽에서는 그냥 '대전Great War'이라고 불렀다. 그러면 1차 세계대전이 아니고 유럽전쟁이 맞는 말일까? 유럽전쟁이라고 하기에도 석연치 않은 점이 많다. 전쟁의 규모가 전 지구적이었기 때문이다.

1차 세계대전의 전개 양상을 보면, 유럽에서 영국·러시아 등 연합군과 독일·오스트리아 등 동맹군이 전쟁을 벌였고, 아프리카에서는 영국과 프랑스의 식민지 군대가 독일 식민지 군대와 싸웠으며, 서아시아에서는 동맹 측의 오스만튀르크가 러시아와 격돌했고, 동아시아와 태평양에서는 일본과 중국이 독일과 싸웠고, 남태평양에서는 오스트리아·뉴질랜드군이 독일과 싸웠다. 유일한 무풍지대가 아메리카였는데 미국이 참전하면서 아메리카도 전쟁에 휘말렸다.

전쟁에 참가한 국가들을 보면 더 규모가 크다. 당시 유럽 열강의 식민지였던 아프리카와 아시아는 대부분 전쟁 물자 생산에 매달려야 했다. 인도 등 일부 식민지에서는 직접 군대를 조직하여 참전하였다. 미국 등 중립국들은 전쟁 장사에 뛰어들어 짭짤한 재미를 보았다. 참전하든 안 하든 전 세계가 전쟁에 휘말려 들었다.

영향력 측면에서 보면 더욱 세계적이다. 1차 세계대전에서 등장한 탱크, 잠수함, 전투기 등의 신무기와 참호전 같은 새로운 전술은 인류의 전쟁 양상을 완전히 바꾸었다. 이제 직업군인들이 대형을 이루어 요새를 공격하거나 평원에서 격돌하는 전쟁은 더 이상 불가능해졌다. 또 군인들만의 전쟁이라는 개념도 사라졌다. 전쟁은 전후방 없는 총력전이 되었고, 전투는 지상과 공중에서 대량살상무기를 퍼붓는 가운데 참호에 숨어 기동력 있게 움직이는 속도전과 화력전으로 바뀌었다. 누구도 이 변화에서 예외일 수 없었다.

1차 세계대전은 1918년 이후 세계를 바꾸었다. 그러니 세계대전이라는 명칭이 안성맞춤인 것이다.

세계대전을 가능케 한 것은 산업혁명으로 궤도에 오른 자본주의였다. 자본주의는 전 세계를 시장으로 연결하였고, 이로써 한 지역에서 일어난 사건이 일파만파 전 세계에 영향을 미치는 것이 가능해졌다. 오늘날 러시아-우크라이나 전쟁이 세계경제에 영향을 끼치듯, 자본주의가 만든 세계시장은 필연적으로 전쟁 역시 세계적으로 만든다. 그런 의미에서 현대사회에서 전쟁은 재앙이라는 말로는 부족한, 현대 문명의 근본적 모순이 되었다.

우리가 1차 세계대전을 돌아보는 이유는 바로 현대 문명의 전쟁 양상이 이로 인해 정착했기 때문이다. 문제는 이러한 현대 문명의 자학적·자멸적 성격을 우리가 아직도 억제하지 못하고 있다는 것이다. 2024년에도 여전히 인류는 핵무기의 위협과 인류 절멸의 공포 속에 전전긍긍하고 있다. 왜일까?

1차 세계대전이 끝났을 때 인류는 다시는 이런 전쟁이 일어나서는 안 된다고 생각했다. 신무기 개발과 사용을 금지하고 평화 정착을 위한 국제적 협력 체제를 만들자고 제안했다. 우리에게 너무나도 유명한 윌슨Woodrow Wilson의 '평화안 14개조'와 민족자결주의는 바로 그런 배경에서 나왔다. 그러나 그 모든 노력은 실패로 돌아갔고 인류는 2차 세계대전을 겪었다.

전쟁의 참상을 몰라서 그랬을까? 그렇지 않다. 1차 세계대전은 총력전으로 인류사상 가장 많은 사람들을 혹독한 전쟁의 고통에 몰아넣었다. 모르는 것이 문제가 아니라 알면서도 바꾸지 못한 것이다.

  이 책은 1차 세계대전이 당시 인류에게 어떤 고통을 안겼는지, 그 고통이 어떻게 2차 세계대전으로 이어졌는지 살펴보고자 한다. 그리고 단순히 아는 것만으로는 전쟁을 막을 수 없음을 확인하고자 한다. 전쟁을 막는 것은 아는 것이 아니라 용기가 필요한 일임을 알 때 우리가 평화를 향해 나설 수 있을 테니까.

2024년 8월
연희동에서

차례

■ 머리말 : 왜 세계대전인가? … 7

1 `제국주의` **식민지 쟁탈전 = 시장 쟁탈전!** _____ 15
　　더 멀리, 더 많이, 새로운 시장을 찾아서 | 전 세계를 식민지로

2 `벨 에포크` **평화 속에 깃든 불안** _____ 21
　　힘의 균형이 가져다준 평화 | 물랭루즈, 몽마르트, 샹젤리제의 예술가들 | 뭉크의 〈절규〉에 담긴 불안

3 `현대전` **산업혁명이 바꾼 전쟁의 양상** _____ 28
　　군인도 무기도 대량생산-대량소모 | 평화 지키지 못한 만국평화회의

4 `3국동맹 vs 3국협상` **전쟁 끌어들인 위험한 동맹** _____ 33
　　동맹 확대의 노림수 | 무조건 참전이 키운 전쟁 위험 | 모로코에서 충돌한 독일과 프랑스

5 `오스트리아-헝가리제국` **강대국 오스트리아의 몰락** _____ 38
　　프로이센에 주도권을 빼앗기고 | 발칸반도로 영향력을 확대했으나 | 황실 뒤흔든 문제적 결혼

6 `사라예보 사건` **전쟁의 시작을 알린 총성** _____ 45
　　"조피, 내 사랑, 죽지 말아요." | 세르비아를 향한 선전포고

7 `러시아` **니콜라이 2세의 위험한 선택** _____ 50
　　개혁군주 아버지의 뒤를 이었으나 | 나라보다는 가족을 사랑한 황제 | 혁명과 전쟁 사이에서

8 `독일` **유럽의 악동, 빌헬름 2세** ─────── 56
비스마르크와의 대립 | 팽창정책의 대명사 '3B 정책'

9 `영국` **하노버 왕조에서 윈저 왕조로** ─────── 61
입헌군주제 원칙 세운 하노버 왕조 | 몸을 낮추고 전쟁에 헌신한 조지 5세

10 `프랑스` **반독일로 똘똘 뭉치다** ─────── 66
3공화국 흔든 드레퓌스 사건 | 푸앵카레를 향한 전 국가적 지지 | '닥치고 공격', 드 그랑메종

11 `독일 사회민주당` **계급이냐 민족이냐** ─────── 71
사회민주주의와 스탈린주의의 분화 | 사민당의 딜레마 | 전쟁에 휩쓸려 간 마르크스주의

12 `일본` **아무도 바라지 않은 참전** ─────── 77
유명무실한 천황 | 제국주의로 나아가다

13 `이슬람 세계` **청년튀르크당과 세 명의 파샤** ─────── 82
길을 잃은 개혁 | 독일의 동맹군이 되다

14 `슐리펜 계획` **독일의 필승 전략** ─────── 87
회전문을 강하게 밀어라 | 독일, 초반 승기를 잡다

15 `마른 전투` **참호전의 시작** ─────── 92
슐리펜 계획이 실패한 두 가지 이유 | 교착상태에 빠진 전선

16 `철조망` **1차 세계대전의 상징** ─────── 97
유럽 대륙을 휘감은 가시덤불 | 기관총, 대포, 탱크…, 철조망 돌파에 동원된 무기들

17 `기관총과 대포` **신무기의 잔인한 위력** _____ 102
　　자동발사, 맥심 기관총의 놀라운 능력 | 참호 박살 낸 '뚱보 베르타' | 조각 난 병사들

18 `참호` **웅크린 병사들** _____ 107
　　빈대, 벼룩, 이, 쥐 … 지하 공간의 주인들 | 삶과 죽음의 경계에서

19 `프리츠 하버` **독가스의 아버지** _____ 113
　　염소가스 앞세운 이프르 전투 | 불붙은 독가스 개발 경쟁 | 국가영웅의 비참한 최후

20 `이탈리아` **빈손뿐인 승전국** _____ 119
　　도시국가에서 통일국가로 | 한 발 늦은 참전 | 카포레토 전투의 참패

21 `무솔리니` **검은 셔츠의 파시스트** _____ 125
　　반제국주의 투사의 좌절과 변신 | 전투파쇼의 등장과 파시스트당 건설 | 로마로 진격한 검은 셔츠의 시위대

22 `베르됭 전투 ①` **프랑스의 마지막 보루** _____ 132
　　난공불락의 요새 | 두오몽에 쏟아진 무차별 포격 | '뉴 히어로' 페탱의 승부수

23 `베르됭 전투 ②` **소모전의 수렁에 빠지다** _____ 139
　　독일의 6월 총공세 | 동부전선에서 날아온 구원 요청 | 10개월, 100만 명의 사상자

24 `필리프 페탱` **프랑스를 구한 이단아** _____ 146
　　낙오자에서 병사들의 영웅으로 | 페탱은 왜 괴뢰정부를 선택했을까?

25 탱크 육상 전투의 왕 — 152
프랑스의 'CA-1', 영국의 '마더' | 탱크 데뷔전, 솜 전투 | 최악의 대량살상무기

26 조지 패튼 탱크전의 대명사 — 159
독일의 탱크 개발 이끈 구데리안 | 2차 세계대전에서 빛난 패튼의 진가 | 평화에는 어울리지 않았던 파괴적 인물

27 전투기 공중전의 낭만 — 165
체펠린, 정찰 임무를 맡다 | 정찰선에서 전투기로 | 전설로 남은 조종사들의 1대1 결투

28 헤르만 괴링 독일 공군의 '에이스' — 171
히틀러와의 운명적 만남 | 2차 세계대전에서의 실패 | 고도화되는 공중전의 그늘

29 전함 군비경쟁의 최전선 — 178
장갑함의 등장, 더 크게 더 무겁게 | 최강 드레드노트 전함 | 유틀란트 해전, 봉쇄 뚫지 못한 독일 | 항공모함의 시대로

30 윈스턴 처칠 전쟁 지휘에 최적화된 지도자 — 184
제국주의자 해군장관 | 반노동·반좌파이면서 반파시스트 | 전쟁으로 나아가다

31 잠수함 바다 밑으로 확대된 전선 — 190
현실이 된 상상 | 영국의 잠수함 사냥 | 폐기된 독일의 유보트

32 총력전 전쟁 뒷받침한 '스파르타의 어머니들' — 196
후방 지킨 여성들 | 애국심, 선전선동, 단결, 인내…

33 히틀러 전쟁이 낳은 괴물 — 202
서부전선의 전령병 | '배신자를 처단하라', 나치스의 등장 | 독일의 선택이 남긴 교훈

34 간디 제국주의의 급소를 찌르다 — 208
인도 친영파의 분열 | 독립을 위해 전쟁터로 간 인도 청년들 | 참전 독려에서 독립운동 지도자로 | 영국 굴복시킨 간디의 길

35 후세인–맥마흔 서신 기나긴 중동 갈등의 씨앗 — 215
오스만군의 거듭된 패배 | 아랍 민족운동 이용한 영국의 양동작전

36 중국 너무 더딘 근대화의 길 — 221
위안스카이, 다시 황제정으로 | 1차 세계대전이 중국에 끼친 영향

37 우드로 윌슨 어정쩡한 중립 — 227
이상한 선거, 어부지리 당선 | 백인 노동자와 중산층을 위하여 | 흔들리는 고립주의

38 루시타니아호 사건 호화 여객선의 마지막 항해 — 233
내부 폭발? 정당한 군사작전이었나 | 재선 앞둔 윌슨의 고민 | 미국의 선전포고 이끌어 낸 치머만 각서

39 미국 참전 새로운 패권국의 등장 — 240
미국이 쏟아부은 물자와 병력 | "I Want You For U.S. Army" | 백인은 백인부대로, 흑인은 흑인부대로

40 동부전선 독일, 러시아를 압도하다 — 246
우왕좌왕 고전하는 러시아군 | 전선으로 달려간 니콜라이 2세

41 러시아혁명 **레닌, 겨울궁전을 장악하다** _____ 251
　　　라스푸틴 제거 작전 | 거리를 점령한 어머니들 | 3월혁명에서 11월
　　　혁명까지 | 실패로 돌아간 제정복고운동

42 브레스트-리토스프크 조약 **내전에 휩싸인 러시아** _____ 259
　　　항복 선택한 레닌 | 백군 vs 적군 | 내전 이후, 사회주의가 걸었던
　　　길 | 러시아혁명이 남긴 것

43 스페인독감 **1차 세계대전의 사생아** _____ 267
　　　병사들과 함께 전 세계로 퍼진 바이러스 | 마스크를 쓴 사람들 |
　　　인류 역사상 최악의 전염병

44 에곤 실레 **전쟁 속 예술가들** _____ 274
　　　참전파와 도피파의 엇갈린 운명 | 전쟁 중에도 예술 활동을 이어
　　　갔으나

45 종전 **독일은 왜 항복했을까?** _____ 280
　　　독일의 마지막 공격, 춘계 대공세 | 높아지는 반전 여론 | 무조건
　　　휴전 택한 사민당

46 《서부 전선 이상 없다》 **인간의 얼굴을 한 전쟁은 없다** _____ 286
　　　괴벨스가 감추고 싶었던 것 | 반성 없는 종전이 남긴 것 | 증오와
　　　원망에 휩싸인 독일 | 쫓겨난 평화주의자들

　　🔲 에필로그 … **294**

　　사진 출처 … 297

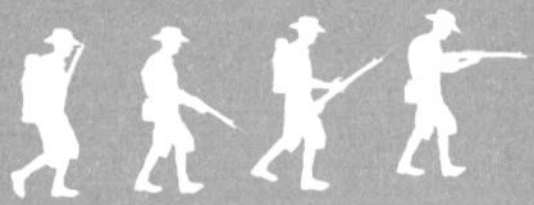

1 제국주의

식민지 쟁탈전 = 시장 쟁탈전!

1차 세계대전은 제국주의의 절정을 향해 가는 사건이었다. 따라서 1차 세계대전을 이해하려면 제국주의부터 먼저 이해해야 한다.

18세기 산업혁명으로 공장제 기계 산업이 발달하면서 대량 생산이 가능해졌다. 문제는 대량생산한 상품을 어떻게 팔 것인가였다. 물건을 만든다고 무조건 팔리는 것은 아니니까.

더 멀리, 더 많이, 새로운 시장을 찾아서

먼저 해결할 문제는 운송이었다. 상품을 많이 팔려면 멀리 있는 소비자에게 찾아가야 한다. 예를 들어 보자. 서울 서대문구에 있는 공장에서 물건을 만들어 공장 옆에 가게를 열고 물건을 진열했다. 누가 이 물건을 살까? 공장 근처에 사는 수천 명의 사람들만 살 것이다. 물건을 사기 위해 몇 시간을 들여서 가게를 찾아오는 사람은 거의 없을 테니까. 이때 물건을 살 수 있

1800년대 대공장을 묘사한 그림. 공장제 기계공업으로 대량생산이 가능해지면서, 상품을 소비해 줄 새로운 시장을 찾는 것이 중요한 문제로 떠올랐다.

는 범위 내에 있는 사람들을 '시장'이라고 한다.

그런데 공장 주변에 사는 수천 명의 사람들이 항상 물건을 구입할까? 그렇지 않다. 오늘 텔레비전을 산 사람이 내일 또 텔레비전을 사지는 않는다. 하지만 공장은 오늘 텔레비전을 생산했다고 내일 쉬지 않는다. 기계를 유지하는 데 비용이 들고, 기계를 돌리는 사람에게 월급도 줘야 하고, 사장도 계속 돈을 벌어야 하니까. 결국 공장이 생존하려면 '새로운 시장'이 필요하다.

새로운 시장은 옆 동네에 있다. 그러니 공장에서 생산한 물건을 옆 동네로 가져가야 한다. 어떻게? 그것이 운송이다. 더 많이, 더 멀리, 더 싸게, 이 세 가지를 만족시키느냐에 따라 공장과 회사의 운명이 좌우된다. 세 가지 조건을 만족시키지 못

1800년대 잉글랜드 북부 탄광에서 생산된 석탄을 항구로 실어 나르는 기차. 기차와 철도는 무한정 뻗어 나가는 산업혁명의 상징이었다.

한 회사는 생산한 물건을 팔지 못하고, 그러면 물건 제작에 들어간 재료비와 직원 월급 등을 지불하지 못해 결국 파산한다.

산업혁명이 진행되면서 모두 새로운 운송수단을 구하는 데 혈안이 되었고, 그리하여 출연한 최고의 수단이 기차였다. 기차가 다니는 길, 즉 철도는 무한정 뻗어 가는 산업혁명의 상징이 되었다.

그런데 철도를 누가 깔지? 처음에는 개인이 깔았겠지만, 산업혁명으로 회사와 공장이 무진장 늘어나면서 철도에 대한 요구가 폭발적으로 증가하자 개인이 감당할 수 없게 되었다. 또한 시장을 확보하지 못해 과잉생산으로 파산하는 회사가 늘면서 골치 아픈 문제가 생겼다. 바로 파산한 회사의 노동자들이었다. 직장을 잃은 노동자들이 거리를 헤매고 배고픔에 지친 이들이 도둑질, 강도질을 하기 시작했다. 우리 속담에도 '3일 굶고 남의 집 담 넘지 않는 양반 없다'고 하지 않는가.

1 | 제국주의 _ 식민지 쟁탈전 = 시장 쟁탈전! 17

나라가 나서서 철도를 깔지 않으면 안 되게 되었다. 이제 나라에서 공장과 회사 운영에 필요한 기본적인 시설을 책임지고 만들어 주기 시작했는데, 이런 시설을 사회 기반 시설이라고 한다. 경제에서 나라의 역할이 점점 중요해지고, 애덤 스미스Adam Smith가 그토록 시장이 모든 것을 해결해 준다고 외쳤건만 기업과 국민 모두 못 들은 척하고 나라에 매달리기 시작했다.* 이를 나라자본주의, 즉 '국가독점자본주의'라고 한다.

그러나 국가가 철도를 놓을 수 있는 범위는 어디까지나 국토 내부로 한정되며, 시장 역시 국토 내의 사람들, 즉 국민이 한계였다. 반면 인간 지혜의 산물인 기계는 발전을 거듭했다. 점점 좋은 기계가 발명되고 물건은 많이 생산되는데 팔 곳이 없어 기업이 파산하고 국민이 실업자로 떠돌게 되었으니 이를 어쩌지?

전 세계를 식민지로

해결책은 국토를 넓히는 것, 즉 침략이다. 산업혁명으로 발달한 기계문명은 무기 개발로도 이어져 총, 대포, 철도, 장갑차 등이 무한정 생산되었다. 나라가 군대를 만들고 무기를 사 주면서

---

* 애덤 스미스가 시장을 강조했고 이를 계승한 이들이 시장의 자율성을 강조하였기 때문에 오늘날 시장을 강조하는 보수적 경제주의자들을 '스미스주의자'라고도 한다. 그러나 사실 당시 애덤 스미스는 진보에 속하였다. 국가의 개입을 반대하고 시장의 분배 기능을 통한 빈부격차 해소를 주장했기 때문이다.

경제는 더욱 발전했다. 실업자는 군인이 되어 돈을 벌 수 있었다. 무엇보다 군대가 다른 나라를 침략하여 그 나라 기업을 강제로 파산시키고 자기 나라 기업의 시장으로 만들면서, 나라와 회사는 발전을 거듭했다. 정복당한 나라는 식민지가 되어 정복한 나라의 기업이 생산한 물건을 살 수밖에 없게 되었다. 이렇게 무력을 이용해 강제로 시장(식민지)을 넓혀 경제를 발전시키는 체제를 제국주의라고 한다.

영국의 아프리카 식민지를 담당했던 정치가 세실 존 로즈Cecil John Rhodes의 철도 계획을 풍자한 그림. 아프리카에서 최초로 다이아몬드 채굴 사업을 경영하기도 했던 그는 케이프타운에서 카이로까지 철도를 놓아야 한다고 주장했다.

제국주의 시대 식민지 쟁탈전은 아시아와 아프리카에서 주로 벌어졌다. 아시아는 1842년 영국의 중국 침공(아편전쟁), 1855년 미국의 일본 강제 개항, 1858년 영국의 인도 지배(인도제국 선포) 등을 통해 유럽의 식민지로 전락했고, 아프리카는 1880년대 영국의 이집트 점령, 프랑스의 튀니지 점령, 벨기에의 콩고 점령, 독일의 탄자니아 진출 등으로 거의 전역이 식민지가 되었다.

식민지는 국가별로 개성 있게 운영되었다. 벨기에나 영국은 기업 활동을 위한 시장의 성격이 강한 반면, 상대적으로 프랑스는 식민지를 자국 영토의 일부라고 생각했다. 훗날 2차 세계대전이 끝나고 영국 식민지들이 비교적 무난하게 독립한 반면, 프랑스 식민지의 경우 베트남전쟁이나 알제리 내전을 겪는 등 고통스러운 과정을 겪게 된 것은 이 때문이다. 그러나 본질적으로 식민지가 1차적으로 시장의 기능을 우선했다는 데에는 차이가 없다.

이렇게 전 세계가 유럽의 침공으로 신음하고 있을 때, 군대가 외부로 눈을 돌린 사이 서유럽은 평화를 만끽할 수 있었다. 유럽은 역사상 유례없는 긴 평화와 진보의 시대를 맞이한다.

2 벨 에포크

평화 속에 깃든 불안

중세 유럽은 지방분권이라는 독특한 체제 하에 있었다. 지방분권이란 중앙정부가 존재하지 않거나, 존재하더라도 지방에 대한 지배력이 매우 미약하여 지방 소국들이 반독립적으로 존재하는 체제이다.

지방분권은 시장 확장에 방해가 되었다. 새롭게 시장에 진입하려 할 때 지방마다 다른 경제 제도, 다른 화폐, 다른 세금 제도가 방해물이 되기 때문이다. 그래서 산업혁명 이후 강력한 중앙정부가 등장하여 단일한 지배 체제를 만들려는 움직임이 나타났다. 이를 '민족국가 건설운동'이라고 한다.

힘의 균형이 가져다준 평화

민족국가 건설운동은 산업혁명을 먼저 이룬 영국과 프랑스에서 일찌감치 시작되었고, 독일과 이탈리아 등에서 상대적으로 늦게 진행되었다. 19세기 중엽 독일과 이탈리아에서 민족국가 건설운동이 일어나자, 그 지역에 이미 진출해 있던 영국·프랑스의 기업들이 기득권을 침해받게 되었다. 지방정부와 자유롭게 맺은 계약이 취소되고, 새로 들어선 중앙정부와 새로운 계약을 체결해야 했기 때문이다. 새로운 계약은 독일과 이탈리아에 유리할 것이므로 프랑스·영국 기업에게는 손해였다. 이에 프랑스가 적극적으로 독일의 민족국가 수립을 방해했고, 결국 1871년 독일-프랑스 전쟁(보불전쟁)이 터졌다.* 이 전쟁은 독일의 압도적 승리로 끝났다. 이로써 영국·프랑스·스페인·이탈리아 등 유럽의 민족국가 건설운동이 완성되었다.

 1871년 민족국가 건설운동의 종료와 함께 유럽 국가들 사이의 갈등도 1차적으로 마무리되었다. 특히 영국과 프랑스에 비해 약소국으로 간주되던 독일, 이탈리아 등에 강력한 중앙정부가 들어서자 함부로 전쟁을 벌이기 어려워졌다. 독일 동쪽의 오스만튀르크제국이나 러시아제국은 처음부터 서유럽에게 버거운 상대였다. 이렇게 해서 유럽에 힘의 균형 상태가 만들어졌다. 더군다나 유럽 각 나라들은 식민지를 많이 만들기 위해 일제히 아시아와 아프리카 침공에 나섰다. 밖에서 전쟁을 하다

---

* 독일은 수십 개의 소국으로 분열되어 있었는데 베를린을 수도로 하는 프로이센이 소국들을 통일해서 하나의 독일제국을 만드는 운동을 하여 마침내 프로이센 중심의 독일제국을 건설했다. 그래서 1871년 전쟁을 일반적으로 '프로이센-프랑스 전쟁'(보불전쟁)이라고 부른다.

보니 안에서 전쟁을 할 여유도 더욱 없어졌다.

   1871년부터 1914년 1차 세계대전 발발까지 유럽은 43년 간의 긴 평화를 만끽하게 되었다. 이 시기를 '벨 에포크belle époque'('아름다운 시절'이라는 뜻)라고 한다.

물랭루즈, 몽마르트, 샹젤리제의 예술가들

벨 에포크 시대를 상징하는 도시는 파리였다. 파리가 '문화와 예술의 도시'라는 명성을 얻은 것도 바로 이 시기였다. 1871년 독일-프랑스 전쟁 패전으로 정부(나폴레옹 3세의 제2제정)가 무너진 후 프랑스에 자유로운 공화정부가 들어서자, 권위적 정부의 억압에 숨막혀 하던 지식인과 예술가들이 파리로 몰려들었다. 그들이 주로 모인 센 강변, 샹젤리제 거리 등은 파리의 상징이 되었다.

   당시 파리를 대표하는 문화 중 하나가 술집이다. 가수가 노래를 하거나 무용단이 춤을 추고 손님들은 테이블에 앉아 술과 음식을 먹으며 즐기는 형태로, 몽마르트 언덕의 빨간 풍차 장식으로 유명한 물랭루즈Moulin Rouge가 대표적이었다. 물랭루즈를 유명하게 만든 것은 특히 두 가지이다. 하나는 프렌치캉캉 춤이고, 다른 하나는 로트레크Henri de Toulouse-Lautrec가 그린 물랭루즈의 광고 포스터이다.

   물랭루즈의 자유로우면서 몽환적이고 퇴폐적인 문화는 벨 에포크 시대 문화의 특징이었다. 벨 에포크 시대에는 제국주의 시대 식민지에서 약탈해 들여온 풍요와 다양성이 존재했다. 아

로트레크가 그린 물랭루즈 광고 포스터.

라비아의 카펫, 이집트의 미라, 인도의 파자마, 중국의 차, 일본의 풍속화 유키요에가 비유럽적이고 환상적인 분위기를 자아냈다.

또한 파리의 거리에서는 도시를 활보하는 예술가들을 흔히 볼 수 있었다. 마치 별들의 향연 같았다. 피카소Pablo Picasso가 기욤 아폴리네르Guillaume Apollinaire와 함께 예술을 논하고 소설가 거트루드 스타인Gertrude Stein에게 줄 초상화를 들고 걸어가는 모습, 여배우 사라 베르나르Sarah Bernhardt와 함께 걷는 클림트Gustav Klimt나 무하Alphonse Mucha를 볼 수 있었다. 카페 의자나 벽은 '아르누보Art Nouveau' 양식의 걸작들로 장식되어 있고, 마티스Henri Matisse나 앙리 루소Henri Rousseau 같은 작가들이 노천 카페에 앉아 커피를 마시는 모습도 종종 볼 수 있었다. 근처 집 창문에서는 생상스Camille Saint Saens의 〈백조〉를 연주하는 무명 바이올리니스트의 그림자가 엿보이고….

벨 에포크 시대 화려하고 자유로운 파리의 분위기를 담은 피에르 빅토르 갈랑Pierre-Victor Galland의 그림 〈막심의 술집〉.

뭉크의 〈절규〉에 담긴 불안

가난한 사람들은 한탕 하러 식민지로 갔다. 《소공녀》, 《제인 에어》 같은 당시 작품에는 인도에서 큰돈을 번 친척이 등장한다. 마음만 먹으면 미지의 세계로 나가 성공의 기회를 잡을 수 있는 자유와 도전의 분위기가 팽배했다. 그런가 하면 산업혁명으로 빈부격차가 벌어지고 노동자계급의 저항이 심해지면서 마르크스주의가 유행했다. 마르크스주의자나 노조가 경찰과 격렬하게 충돌하여 거리에 사상자가 즐비하게 널려 있는 상황이 흔히 발생했다. 혁명을 외치는 많은 남녀들이 거리를 활보했고,

1899년 유럽의 상황을 풍자한 그림. 프로이센-프랑스 전쟁 이후 평화로운 시기를 보내고 있지만 각 나라의 복잡한 내부 사정으로 인해 유럽 대륙에서 점차 커지는 군사적 긴장을 잘 보여 주고 있다.

여성 참정권 운동과 탈코르셋 운동에 앞장선 열혈 페미니스트들도 거리로 나왔다. 이들 중에는 클림트의 연인이었던 에밀리 플뢰게Emilie Floege가 만든 탈코르셋 패션 드레스를 걸치고 속옷을 입지 않은 여성들도 있었다.

  이 시대가 아름답고 행복할 수 있었던 것은 식민지를 약탈하여 얻은 풍요 덕분이었다. 노동자의 참정권이 보장되고 복지 제도가 도입되어 투쟁하면 얻을 수 있다는 믿음이 퍼지고 노동자를 기반으로 하는 좌파 정당이 체제 내에 점차 안착하기 시작했다.

그럼에도 분명 이 시대에는 불안감이 가득했다. 19세기 유럽은 새로운 시대의 물결 속에 사라지고 있었고, 침략할 미지의 땅은 점점 바닥나 더 이상 식민지를 구하기 어려워졌다. 권위와 빈곤에 시달리던 동쪽의 독일과 러시아의 팽창정책, 그로 인한 군사적 긴장으로 전쟁의 위협이 심화되고 있었다.

평화의 시대는 끝나 가고 있었고, 새로운 시대와 함께 도래할 불행은 가늠하기 힘들었다. 뭉크Edvard Munch가 어딘가에서 들려온 비명 소리를 들었다며 〈절규〉를 그렸듯, 하늘인지 바다인지 모를 곳에서 인간 아닌 초월적 존재의 경고가 들려온다고 외치며 와인에 취해 오늘만 살고 죽자고 떠드는 사람들이 몽마르트 언덕을 채웠다.

3
현대전

산업혁명이 바꾼 전쟁의 양상

18세기 후반 영국에서 시작된 산업혁명은 제국주의와 함께 본격적인 발전을 거듭한다. 특히 1850~60년대 독일, 미국, 러시아 등에서 활발하게 산업혁명이 발달했다. 그리고 산업혁명은 전쟁의 양상마저 바꾸어 놓았다.

군인도 무기도 대량생산-대량소모

산업혁명의 가장 큰 특징은 공장제 기계공업이다. 물건 생산을 사람이 아닌 증기기관으로 움직이는 기계가 주로 담당하게 된 것이다. 공장에 기계를 2층, 3층, 4층 이상 겹겹이 쌓고 사람들 역시 층층이 배치되어 기계와 함께 일했다. 이렇게 해서 좁은 땅에 많은 사람이 모여 일하게 되었다.

운동장만 한 크기의 공장에서 수천 명이 일하면서 그들이 사는 집도 층층이 쌓인 여러 층의 건물, 즉 아파트로 발달하게 되었다. 기존의 단층 집에서 수천 명이 살려면 넓은 면적에 퍼져

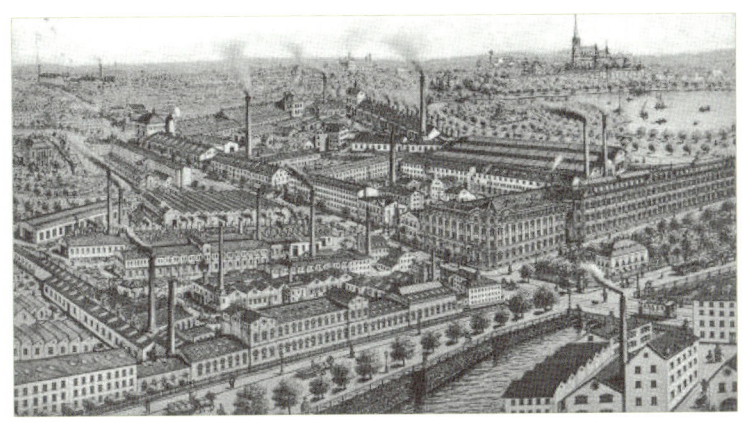
1905년경 독일 작센 지방의 대공장 주변 풍경. 대공장들이 도시화를 촉진하면서 인구 100만 명 이상의 거대 도시들이 생겨났다.

살아야 하는데, 그러면 멀리 사는 사람들이 공장에 출퇴근하는 데 시간과 비용이 많이 들 수밖에 없다. 이 문제를 해결하기 위해 아파트가 발달한 것이다.

사람들이 좁은 땅의 고층 아파트에 모여 살면서 공장 근처에 인구가 밀집하게 되었다. 공장이 들어설수록 아파트도 들어서고 점점 인구가 폭발했다. 산업혁명이 발달하면서 인구 100만 명 이상의 거대 도시들이 생겨났다.

도시는 군대 징집을 용이하게 했다. 농업사회에서는 여기저기 흩어져 사는 사람들을 군대로 끌어모으는 것이 여간 힘든 일이 아니었다. 과거 우리나라 농촌에서도 예비군 통지서를 돌리려면 오토바이를 타고 2~3일을 돌았다고 하니, 19세기 이전 징병관은 하루 종일 뛰어다녀야 겨우 몇 명을 모을까 말까였다.

그러던 것이 도시화가 진행되면서 아파트를 돌며 사람을 모으니 한두 시간 안에 수백 명의 군인도 모을 수 있게 되었다.

이렇게 모인 사람들은 공장에서 대량으로 생산한 군복을 입고 무기를 들고 쉽게 군인으로 탈바꿈되었다. 이들은 기차를 타고 하루나 이틀 안에 전선으로 수송되어 전날이나 전전날 죽은 군인들을 대체했다. 대량생산-대량수송-대량소비라는 산업혁명 경제 시스템이 대량징병-대량수송-대량소모라는 현대전의 전쟁 양상으로 전환된 것이다.

산업혁명을 이룬 나라에서 치러진 첫 전쟁은 미국의 남북전쟁(1861~1865)이다. 남북전쟁은 공업이 발달한 북부와 농업이 발달한 남부 사이에서 벌어졌는데, 북군은 용맹하게 싸우는 남군에게 고전을 면치 못했다. 그러나 공장과 철도가 있는 북군은 도시를 중심으로 병사를 모집하고 심지어 흑인 노예를 해방하여 흑인까지 전쟁에 동원하는 등 압도적 물량으로 끝내 승리를 거두었다.

이 전쟁은 노예해방이라는 인도적 목표를 내걸었으나, 그 실상은 인명이 무제한 소모되는 현대전의 양상이 최초로 드러난 전쟁이었다. 이 전쟁에서 무려 70만 명의 사상자가 발생했는데 이는 서양에서 일어난 전쟁 중 최대 규모였다. 남북전쟁을 목격한 유럽인들은 경악했다. 그들은 자신들이 발전시킨 문명이 얼마나 파괴적인 결과를 낳을 수 있는지 비로소 깨달았다. 유럽에서 이런 전쟁이 일어나면 백인종이 멸종할지도 모른다는 말이 나올 정도였다.

평화 지키지 못한 만국평화회의

유럽의 정치인이라면 누구나 이런 파멸적 전쟁이 서서히 다가오고 있음을 알고 있었다. 그들의 부의 원천인 식민지가 바닥나고 있었던 것이다. 광활한 아프리카, 무진장 인구가 많은 아시아는 말할 것도 없고 태평양과 대서양의 조그만 섬들도 모조리 주인이 가려져, 20세기가 되면 유럽인이 주인이 아닌 땅은 더 이상 존재하지 않게 될 것이었다.

문제는 식민지가 국가별로 공평하지 않다는 것이었다. 대부분의 식민지는 영국과 프랑스가 차지했고, 나머지 나라들은 아주 적었다. 적은 나라가 많은 나라의 것을 빼앗기 위해 전쟁을 일으키리라는 것은 자명했다. 그러나 영국과 프랑스는 식민지를 나누기보다 지키기 위해 오히려 둘 사이의 동맹을 강화했다. 국가 이기주의가 극으로 치달았다.

1898년 러시아의 차르 니콜라이 2세가 유럽 정상들에게 평화를 위한 국제회담을 제안했다. 유럽의 자멸을 막기 위해 각국 정상들이 지혜를 모을 필요가 있었다. 전쟁 위기에 공감한 나라들이 1899년 네덜란드 헤이그에 모여 1차 만국평화회의를 열었다. 1907년에는 미국 루스벨트Theodore Roosevelt 대통령의 제안으로 1차 회담의 성과를 이어받아 2차 만국평화회의가 열렸다. 두 차례의 회의에서 많은 진전이 있었고 중요한 합의들

1899년 네덜란드 헤이그에서 열린 1차 만국평화회의를 풍자한 그림.

도 이루어졌다.

그러나 만국평화회의는 가장 핵심적인 문제, 즉 영국과 프랑스의 식민지 독점 문제는 해결하지 못했다. 오히려 영국과 프랑스의 기득권을 유지하는 내용이 일부 포함되었다. 가령 해군 감축안은 독일의 도전을 저지하기 위한 영국의 복안이었다. 결국 만국평화회의는 전쟁을 막지 못했고, 또 전쟁의 파멸성을 막기 위한 주요 합의들―금지 무기, 전쟁 중 지켜야 할 인도적 원칙, 중립국 관련 내용 등―을 지키기 위한 조치들도 마련하지 못했다(실제로 1차 세계대전에서는 아무것도 지켜지지 않았다). 문제의 본질을 회피한 평화를 위한 회담은 무의미하다는 역사의 교훈은 여기서도 확인할 수 있다.

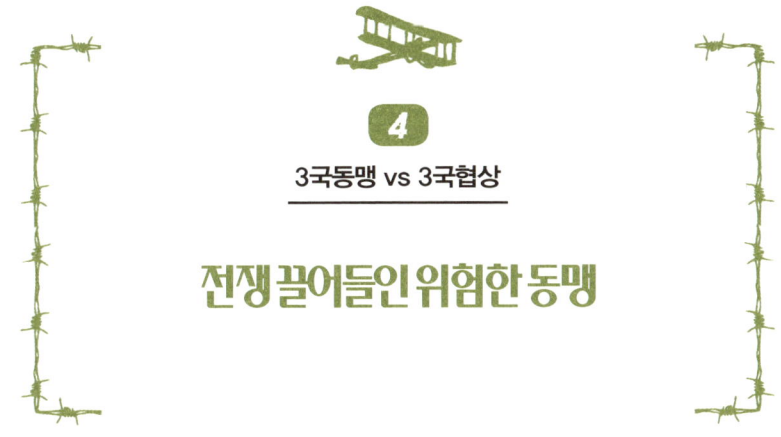

3국동맹 vs 3국협상

전쟁 끌어들인 위험한 동맹

다가오는 세계대전을 어떻게 하면 막을 수 있을까? 제국주의 시대 말기 유럽 사회는 골머리를 앓았다. 물론 문제의 본질이 불평등한 식민지 소유라는 것은 모두 잘 알고 있었다. 문제는 그 문제를 해결할 방법이 없다는 것이었다.

동맹 확대의 노림수

독일 등 식민지가 적은 나라들은 영국과 프랑스가 양보해야 한다고 생각했다. 그러나 영국과 프랑스는 그럴 마음이 전혀 없어 보였다. 자본주의의 생명은 시장이고, 식민지가 곧 시장인 시대였으니까. 물론 식민지가 곧 경제력이고 경제력이 곧 군사력인 상황에서, 독일이 영국과 프랑스를 압도할 군사력을 갖는 것이 불가능하다는 점도 양보를 이끌어 낼 수 없는 요인이었다.

독일로서는 영국과 프랑스를 적극적으로 평화의 협상 테이블로 끌어들이려면 그들에 필적할 군사력을 확보해야 했다.

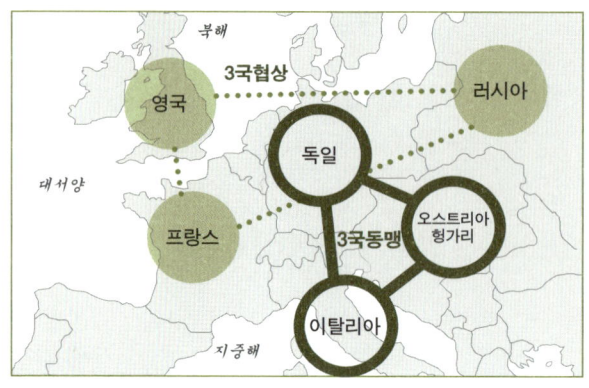
3국협상과 3국동맹.

하지만 어떻게? 방법은 동맹을 체결하는 것뿐이었다. 독일은 오스트리아-헝가리제국과 이탈리아를 끌어들여 '3국동맹'을 만들었다. 독일은 이제 군사력이 어느 정도 대등해졌으니 영국과 프랑스도 대화에 성의를 보일 것이라고 기대했다.

영국과 프랑스는 경악했다. 독일이 식민지를 빼앗기 위해 전쟁을 벌이는 것을 막으려면 영국·프랑스 연합을 통해 군사적 우위를 확실히 해야 했다. 압도적 군사력이야말로 평화의 원천이니까. 그런데 독일이 동맹을 통해 대등한 군사력을 갖추었으니, 3국동맹을 넘어서는 압도적 군사력을 확보하려면 마찬가지로 이쪽도 동맹을 늘려야 했다.

프랑스가 먼저 러시아를 끌어들였다. 러시아와 독일은 한국과 일본만큼이나 철천지원수 관계였다. 한국과 일본의 나쁜 감정이 임진왜란에서 비롯되었다면, 러시아와 독일의 관계는 나폴레옹 전쟁(1803~1815)으로 인해 만들어졌다.* 러시아와 프랑스가 연합함으로써 독일은 전쟁이 벌어지면 동쪽과 서쪽에서 동시에 적과 싸워야 하는 상황에 처하게 되었다.

나아가 영국과 프랑스는 한층 강력한 공수동맹을 맺었다. 느슨한 연합이 아니라 전쟁이 일어날 경우 확실히 서로 돕기로 한 약속이었다. 이어 영국이 러시아와 동맹을 맺었다. 이로써 '3국협상', 즉 영국·프랑스·러시아 동맹이 완성되었다.

무조건 참전이 키운 전쟁 위험

3국동맹은 영국과 프랑스가 평화를 위한 노력을 거부하고 힘으로 억누르려 하는 데 분노했다. 독일의 강력한 군사력, 3국동맹의 강력한 단결을 과시할 필요가 있었다. 그리하여 만든 것이 자동 참전 조항이다. 한 나라에서 전쟁이 일어날 경우 동맹국은 무조건 참전한다는 약속이었다. 이렇게 되면 가령 독일과 영국이 전쟁을 할 경우 프랑스나 러시아가 개입하기 전에 이탈리아와 오스트리아-헝가리제국이 신속하게 참전하여 상대를 제압할 수 있을 것이었다.

이 정도면 영국과 프랑스가 정신 차리지 않을까? 그러나 오

---

* 나폴레옹 통치 시기 독일 지역은 프랑스 통치 하에 있었다. 러시아가 러시아원정에 실패하고 후퇴하는 프랑스군을 추격하여 차례로 점령하면서 독일이 막대한 피해를 입었고, 이때부터 러시아와 독일 국민 사이에 적대 감정이 생겼다.

산이었다. 3국협상 역시 자동 참전에 해당하는 약속을 맺기 시작했다. 압도적 군사력으로 독일을 누르겠다는 영국 등의 의지는 변하지 않았다.

3국동맹과 3국협상은 하루아침에 만들어진 것이 아니다. 1870년대부터 40여 년간 꾸준히 주거니 받거니 하며 조금씩 개정해서 만든 동맹이다. 세부 내용도 여러 차례 바뀌었고, 그 과정에서 동맹국 사이에서도 알력과 갈등이 생겨났다. 그러나 결국 한 나라에서 전쟁이 일어나면 유럽 전체가 전쟁에 끌려갈 수밖에 없는 체제로 귀결되었다. 그런 면에서 1차 세계대전은 알고도 막지 못한 재앙이었다.

당연히 유럽은 사소한 분쟁에도 긴장하고 민감해질 수밖에 없었다. 벨 에포크 시대를 지배한 불안은 이런 분위기에서 비롯되었고, 분쟁 위험은 점점 더 심화되었다.

모로코에서 충돌한 독일과 프랑스

1905년 1차 모로코 사건이 터졌다. 3천만제곱킬로미터, 대한민국이 무려 300개나 들어갈 수 있는 거대한 아프리카 대륙이 수십 년 만에 모두 식민지로 분할되고 마지막 남은 주인 없는(?) 땅이 모로코였다. 이 모로코에 프랑스가 마지막으로 깃발을 꽂으려 하자 독일이 반발하여 일어난 사건이 1차 모로코 사건이다. 유럽은 전쟁을 막기 위해 부랴부랴 스페인의 알헤시라스에서 국제회의를 열어 사건을 중재했다.

그러나 1911년 모로코에서 또 한 차례 프랑스와 독일이 충돌하는 2차 모로코 사건이 일어났다. 양측 군함이 바다에서 대치하는 일촉즉발의 상황이 벌어졌다. 이 사건 역시 국제회의를 통해 가까스로 중재하였다. 그러나 모로코는 결국 프랑스의 식민지가 되었고, 독일은 큰 불만을 갖게 되었다. 평화의 길은 요원하기만 했다.

1905년 모로코를 둘러싼 독일과 프랑스·영국의 갈등을 풍자한 그림. 독일의 빌헬름 2세가 모로코 땅을 밟으려 하자 깜짝 놀란 영국과 프랑스가 '잔디를 밟지 말라'고 외치며 저지하는 모습이다.

그리고 1912년, 유럽의 시선은 발칸반도로 쏠렸다. 그곳에서 또 하나의 불씨가 타오르고 있었다.

5 오스트리아-헝가리제국

강대국 오스트리아의 몰락

오스트리아의 프란츠 요제프 1세Franz Joseph I(1830~1916)는 지독하게 불행한 황제였다. 그는 86년이나 살았고, 68년이나 황제의 자리에 있었지만(1848~1916) 그 오랜 시간 동안 그가 한 일은 위대한 제국의 몰락을 막으려 안간힘을 쓰다 끝내 망하는 것을 지켜보는 것이었다.

프로이센에 주도권을 빼앗기고

오스트리아는 중부 유럽의 절대 강자이자 프랑스, 영국, 스페인과 어깨를 나란히 한 유럽의 강대국이었다. 유럽 최고 명문가인 합스부르크 왕가가 오스트리아를 다스렸는데, 그 가문에서 수많은 나라의 왕과 왕비가 배출되었다. 수도 빈은 유럽 문화 예술의 중심지로 모차르트와 베토벤 등 기라성 같은 음악가들이 활동하였다. 또 18,19세기 시민혁명의 소용돌이 속에서는 구체제를 지키는 중심 국가로 유럽 모든 왕실과 귀족의 희망이

1848년 12월 프란츠 요제프 1세 황제의 대관식. 당시 황제는 18세의 어린 나이였다.

었다.

그러나 1848년 프랑스 파리에서 일어난 2월혁명으로 구체제가 최종적이고 결정적으로 타도될 때 오스트리아도 타격을 받았다. 이 혁명으로 황제가 물러나고 새로이 프란츠 요제프 1세가 황제로 즉위하였다. 그의 나이 겨우 18세였다.

어린 황제는 즉위하자마자 시련을 맞았다. 중부 유럽의 여러 소국들을 단일 국가로 통일하자는 독일 통일운동이 일어난 것이다. 독일 통일운동의 중심은 당연히 오스트리아가 되어야 하겠지만 2등 국가였던 프로이센이 도전장을 내밀었다. 오스트리아를 중심으로 중부 유럽 전체를 포괄하자는 '대★독일주의'와, 오스트리아를 빼고 프로이센 중심으로 중북부 지역만 통합하여 독일을 건설하자는 '소(小)독일주의'가 대립했고, 이는 곧 오스트리아와 프로이센, 프란츠 요제프 1세와 빌헬름 1세의 대결이었다.

1866년 결국 오스트리아와 프로이센이 충돌했다(프로이센-오스트리아 전쟁, 혹은 보오전쟁). 이 전쟁에서 프로이센이 압도적으로 승리했고, 결국 1871년 소독일주의에 따라 독일제국이 수립되었다. 오스트리아는 중부 유럽의 작은 내륙 국가로 전락하고 말았다.

발칸반도로 영향력을 확대했으나

북쪽의 독일, 남쪽의 이탈리아 사이에 끼인 오스트리아가 과거의 영광을 되찾으려면 동부로 진출해야 했다. 프란츠 요제프 1세는 먼저 오스트리아의 지배에서 벗어나기 위해 오랫동안 저항했던 헝가리와 타협하여 1867년 오스트리아-헝가리제국을 수립하였다. 헝가리를 확고하게 오스트리아로 편입하여 영토와 인구를 안정적으로 확보한 것이다.

오스트리아-헝가리제국의 동쪽에는 이슬람 제국 오스만튀르크의 지배를 받는 발칸반도가 있었다. 오스만튀르크는 식민지도 없고 산업혁명도 이루어지지 않은 노쇠한 제국이었다. 곧 이슬람 세력을 몰아내고 발칸반도를 기독교의 땅으로 만들려는 전쟁이 벌어졌다. 서쪽에서는 오스트리아의 지원을 받는 게르만 민족 세력이 동진하고, 동쪽에서는 러시아의 지원을 받는 슬라브 민족 세력이 서진했다.

　1912년 1차 발칸전쟁이 일어나 이슬람 세력이 완전히 축출되었다. 그러나 이슬람을 쫓아낸 새로운 땅을 누가 차지할 것인가를 놓고 게르만 세력과 슬라브 세력이 갈등하게 되었고 이는 2차 발칸전쟁(1913)으로 이어졌다. 이슬람을 몰아내는 데 큰 역할을 했던 슬라브계 세르비아의 민족국가 건설 시도가 오스트리아의 간섭으로 좌절되면서 유럽은 걷잡을 수 없는 전쟁의 수렁으로 빠지게 된다.

1912년 1차 발칸전쟁에 참여한 군사동맹을 선전하는 엽서. 불가리아, 세르비아, 몬테네그로, 그리스, 네 나라가 튀르키예의 아야소피아 앞에서 손을 잡고 있다.

황실 뒤흔든 문제적 결혼

프란츠 요제프 1세는 격동의 근대사 속에서 유연하게 오스트리아를 이끌었다. 제국을 유지하고 황제정을 지키려 노력했으며, 이를 위해 자신을 엄격하게 단련하고 채찍질했다. 그는 자신의 뒤를 이을 황태자인 외아들 루돌프에게도 똑같이 대했다. 그런데 황후 엘리자베트는 어린 아들이 군국주의적으로 키워지는 것이 못내 싫었는지 황제의 아들 교육에 간섭했고, 결국 황태자는 황제보다 황후의 영향을 더 크게 받았다. 황제와의 끊임없는 갈등은 황태자를 병들게 했고, 결국 황태자는 1889년 31세의 나이에 스스로 목숨을 끊고 말았다.

외아들이 자살하자 황제는 후계자 문제로 고민에 빠졌다. 형제들과 조카들은 하나같이 정치에 회의적이었다. 혁명의 시대에 오스트리아의 황제를 물려받는다는 것은 목숨을 거는 행위나 다름없었다. 모두 손사래를 치는 바람에 결국 셋째 동생의 아들 페르디난트Franz Ferdinand 대공이 후계자의 지위를 얻게 되었다.

그러나 문제가 또 생겼다. 페르디난트 대공이 황실 집안의 시녀로 일하던 여인 조피Sophie와 사랑에 빠진 것이다. 조피는 백작 집안 출신이었지만 미래 황제의 배우자가 되기에는 아주 처지는 출신이었다. 당시 유럽의 황태자들은 대부분 공주나 왕위 계승권을 가진 높은 지위의 여성과 결혼했다. 루돌프 황태자도 벨기에의 공주와 결혼했었다.

결혼을 반대하는 이유는 간단했다. 결혼을 하면 여자 집안 쪽에서도 황제 계승권을 갖기 때문이었다. 한미한 백작 집안이 왕위 계승권을 갖게 되는 것은 보통 큰 사건이 아니었다.

황제와 황실은 결혼을 반대했지만 페르디난트는 막무가내였다. 황제는 당장 후계자 지위를 박탈하고 싶었겠지만 불행히도 대안이 없었다. 결국 결혼은 하되 조피에게 후계자 부인의

페르디난트 대공과 조피.

지위를 부여하지 않으며, 조피가 낳은 자식들도 황제 계승권을 갖지 못한다는 조건을 내걸었다. 이로써 유럽 왕실 역사상 가장 불행한 결혼 중 하나가 성사되었다.

페르디난트 대공은 황제의 신임을 받기 위해 노력했다. 열심히 일했고 황제를 열심히 보필했다. 그러나 후계자와 황실 사이의 불화는 개선되지 않았다. 부인 조피가 일개 귀족 부인 취급을 받는 것도 가슴 아픈 일이었다. 조피는 대공비의 칭호를 받지 못하는 것은 물론, 오페라 관람석에 남편과 나란히 앉을 수 없고 무도회에서 남편의 팔짱을 끼고 입장할 수 없었으며 황실 전용 마차도 이용할 수 없었다. 황제의 신임과 부인의 지위 회복, 이 두 목표를 이루기 위해 페르디난트는 고심을 거듭했다.

발칸전쟁이 터지자 페르디난트는 발벗고 나섰다. 발칸반도에서 오스트리아의 영향력을 유지하고 슬라브 민족주의로부터 동유럽을 지키려고 노력했다. 보스니아를 오스트리아제국의 영토로 공고히 하는 등 발칸반도에서 오스트리아의 영향력 강화는 그의 공이었다.

마침내 발칸전쟁이 끝났다. 오스트리아의 영향력이 건재하다는 것을 과시하기 위해 누군가 보스니아의 중심 도시 사라예보에 가서 군대를 사열하고 치하하는 등의 퍼포먼스를 해야 했다. 하지만 아무도 가려 하지 않았다. 슬라브 민족주의자들이 총과 폭탄을 들고 벼르고 있다는 소문이 파다했다.

그러자 페르디난트가 나섰다. 발칸반도에서 오스트리아의 영향력을 확고히 하고 강대국의 지위를 되찾아 황제의 신임을 얻으려면 위험을 무릅써야만 했다. 이와 함께 개인적인 목적도 있었다. 페르디난트는 주위의 만류를 뿌리치고 사라예보로 출발했다.

6 사라예보 사건

전쟁의 시작을 알린 총성

1914년 6월 28일 아침, 페르디난트 대공은 차를 타고 사라예보 시청으로 향했다. 그의 옆자리에는 부인 조피가 앉아 있었다. 이것이 바로 사라예보 방문의 두 번째 목적이었다. 조피는 대공의 부인임에도 그에 합당한 대우를 받지 못했다. 그러나 오스트리아의 빈에서 멀리 떨어진 곳이라면 황제와 황실의 눈을 피해 대공 부인으로 대우받을 수 있었다. 부부가 나란히 입장하고 함께 절을 받고 "페르디난트 대공과 대공 부인이십니다"라고 불릴 것이었다. 결혼한 지 14년 만에 처음으로 미래 오스트리아의 황후 대접을 받는 것이다.

"조피, 내 사랑, 죽지 말아요."
금슬 좋은 부부는 살벌한 거리 분위기에도 행복했다. 모든 일이 순조롭게 풀리고 미래는 행복이 가득할 것 같았다. 그들의 장남 막시밀리안도 결국 황위 계승의 지위를 받을 수 있지 않을까?

막시밀리안은 건강하고 잘생긴 12세 소년이었다.

그때 차량 덮개에서 쿵 소리가 들리더니 곧이어 쾅 하는 폭발음이 터졌다. 대공은 질겁해서 아내를 감싸고 차 바닥으로 엎드렸다. 호각 소리, 비명 소리, 고함 소리가 어지럽게 뒤엉켰다.

"대공 전하, 나오시면 안 됩니다. 폭탄 공격입니다."

세르비아의 민족주의자 청년이 던진 수류탄이 대공이 탄 차의 덮개에 떨어졌다가 튕겨 나가 뒤따라오던 차 밑으로 들어가 폭발했다. 오전 10시 30분, 밀랴츠카강 방파제의 도로에서 일어난 사건이었다. 여러 사람이 다쳤지만 대공 부부와 그들이 탄 차는 안전했다.

사고를 수습한 뒤 대공은 일단 사라예보 시청에 도착했다. 그곳에서 열린 대공 환영 행사는 경호 문제 때문에 간단하게 치러졌다. 문제는 다음 행사였다. 거리 곳곳에 테러리스트가 쫙 깔렸다는 것이 드러난 이상, 예정된 경로로 움직이는 것은 위험했다. 결국 논의 끝에 경로를 변경하여 폭탄 사고로 부상당한 사람들이 입원한 병원을 방문해 위로하고 다음 행선지로 이동하기로 했다.

10시 45분, 차가 출발했다. 그런데 대공과 높으신 분들이 결정적인 실수를 했다. 이동 경로가 바뀐 것을 자기들만 알고 정작 운전사에게는 말해 주지 않은 것이다. 차는 시청에서 병원을 향해 직진하지 않고 기존 경로대로 우회전했다. 포티오레크 Oskar Potiorek 원수가 운전사에게 소리쳤다.

이탈리아 신문 《Domenica del Corriere》 1면에 실린 삽화. 페르디난트 대공이 프린치프의 총에 맞아 쓰러지는 모습을 묘사하였다.

"어떻게 된 거야? 직진했어야 한다구. 빨리 차를 후진시켜."

대공 부부의 경호를 위해 쾌속으로 달리던 차가 멈췄다. 차는 천천히 후진하기 시작했다. 길모퉁이에는 차를 놓치고 황당해하던 프린치프Gavrilo Princip라는 청년이 권총을 품고 있었다. 그는 자신에게 다가오는 대공 부부의 차를 보고 하늘이 도왔다고 생각했으리라.

프린치프가 차로 뛰어들어 먼저 대공을 향해, 그다음에는 조피를 향해 총을 발사했다. 두 사람 모두 치명상을 입었다. 대공은 조피의 손을 잡고 안타깝게 부르짖었다.

"조피, 내 사랑, 죽지 말아요."

이 말이 대공이 이승에서 남긴 마지막 말이 되었다.

세르비아를 향한 선전포고

동맹 조약에 발목이 잡혀 있던 유럽의 제국들이 프란츠 요제프 1세에게 달려갔다. 오스트리아-헝가리제국이 세르비아를 보복 공격한다면, 러시아의 참전에 이어 동맹들이 자동 참전하여 유럽 전체가 파멸의 구렁텅이로 빠져들 것이 명백했다. 각국의 외교 사절들이 프란츠 요제프 1세에게 대화로 문제를 해결할 것을 호소했다.

처음에는 평화적 해결이 낙관적이었다. 오스트리아-헝가리제국의 수도 빈은 놀랍도록 평온했다. 귀족들은 와인을 마시고 왈츠를 추며 일상을 즐기고 있었다. 그토록 황실과 귀족들은 페르디난트 대공을 싫어했다. 민중들만이 세르비아인을 보복 공격하고 있었다. 그러나 민중의 분노로 제국의 정책이 좌우되지는 않는다.

프란츠 요제프 1세는 세르비아에 열 가지 요구 사항을 전달하고, 이를 수용하면 전쟁을 하지 않겠다고 했다. 주된 내용은 반反오스트리아적인 정치 행위나 언론 출판 금지, 암살 사건 관련자에 대한 철저한 색출과 처벌이었다. 한데 세르비아는 여덟 개만 수용하고 두 가지는 거부했다. 반오스트리아 관리의 해임과 암살 사건 재판에 오스트리아 관리 참가였다.

열 개의 요구 사항 중 여덟 개를 받아들였으니 세르비아가 수용한 듯 보였지만, 가장 핵심적인 내용 2개를 거절했으니 거부했다고 볼 수도 있었다. 특히 오스트리아 정부 내에서 암살 사건에 세르비아의 반오스트리아 관리가 관여했다고 주장하는 이들이 있었다. 황제 입장에서는 세르비아가 수용했다고 보기 어려운 상황이었다.

무엇보다 중요한 것은 오스트리아-헝가리제국이 세르비아 등 발칸반도 내에서 영향력을 계속 유지·강화하고자 했고, 이에 대해 세르비아는 저항 의사를 분명히 했다는 점이다. 결국 오스트리아-헝가리제국은 세르비아에 선전포고를 했고, 이로써 1차 세계대전의 막이 올랐다.

1차 세계대전 초기 진행 상황

6월 28일	▪ 사라예보 사건
7월 28일	▪ 오스트리아, 세르비아에 선전포고
8월 1일	▪ 독일, 러시아에 선전포고
8월 3일	▪ 독일, 프랑스에 선전포고
8월 4일	▪ 영국, 독일에 선전포고 ▪ 일본, 3국협상 편에 가담, 독일에 선전포고 ▪ 오스만제국과 불가리아, 독일 편에 가담 ▪ 이탈리아, 3국협상 편에 가담

7 러시아

니콜라이 2세의 위험한 선택

오스트리아-헝가리제국이 세르비아에 선전포고를 하자, 이제 전쟁의 향방은 러시아의 태도에 달리게 되었다. 세르비아는 3국동맹에도 3국협상에도 포함되지 않았으니, 러시아가 참전하지 않는다면 확전을 막고 두 나라의 전쟁으로 끝날 수도 있었다. 문제는 러시아의 황제 니콜라이 2세였다.

개혁군주 아버지의 뒤를 이었으나

니콜라이 2세는 전제군주로서 아주 보수적이고 권위적인 황제였다. 그가 이렇게 비뚤어진(?) 것은 아버지의 죽음 때문이었다. 그의 아버지는 러시아의 개혁군주 알렉산드르 2세다. 19세기 러시아는 중세적 국가였지만, 나폴레옹의 침공을 물리친 강력한 군사력으로 유럽에서 강대국의 지위를 누렸다. 그러나 근대 문명이 발달하면서 점점 뒤처지기 시작했고 알렉산드르 2세가 즉위할 무렵인 1880년대에는 유럽에서 가장 후진적인 국가로 전락해 버렸다. 안으로 민중 반란, 밖으로 거듭되는 패전으로 황제 지배 체제도 심각한 위기에 빠졌다.

알렉산드르 2세는 과감한 개혁을 단행했다. 농노를 해방하여 중세 봉건적 경제제도를 허물고 산업혁명을 일으켰으며 의회 제도 도입 등 다양한 근대적 제도 개혁을

러시아의 개혁군주 알렉산드르 2세.

시도하였다. 그러나 개혁은 러시아를 극심한 신구 갈등 속으로 몰아넣었다. 러시아는 초현대적 좌파부터 중세적 우파, 농노와 노동자, 영주와 자본가가 공존하는 이상한 나라가 되어 버렸고, 민중과 구세력이 양쪽에서 황제를 몰아붙였다. 결국 알렉산드르 2세는 민중의 편인 나로드니키(인민주의자)가 던진 폭탄에 암살당하고 말았다.

아버지의 죽음을 지켜본 니콜라이 2세는 즉위할 때부터 어떠한 개혁도 하지 않을 것을 명확히 했다. 전통적인 러시아의

* 러시아의 후진적 이미지는 다음과 같은 논쟁 주제에서 잘 드러난다. "마르크스는 고도로 발달된 자본주의국가에서 사회주의혁명이 일어난다고 했는데, 왜 최초의 사회주의 혁명이 러시아에서 일어났을까?"

피의 일요일 사건. 1905년 1월 22일 러시아제국의 수도 상트페테르부르크에서 황제에게 탄원서를 제출하려는 비폭력 시위대를 군대가 무자비하게 진압해 발생한 유혈 사태이다.

전제군주 체제를 수호할 것이며 특히 민중을 대변하는 세력은 철저하게 억압하고 말살할 것임을 분명히 했다. 민중의 저항은 더욱 거세졌고 민중의 아들로 구성된 군대의 사기도 떨어졌다. 결국 1904년 러일전쟁에서 패하고 1905년 '피의 일요일' 사건과 함께 혁명적 상황이 터졌다. 니콜라이 2세는 개혁을 약속하며 일단 사태를 진정시켰다.

나라보다는 가족을 사랑한 황제

그러나 니콜라이 2세는 개혁을 할 의사가 전혀 없었다. 아버지의 개혁 실패와 비극적 죽음의 그림자가 너무 컸다. 그 밖에도 또 하나의 불행한 요소가 있었는데, 바로 황제가 너무나도 가정적인 남자라는 점이었다.

그는 황제의 그릇이 아니었고, 그 자신도 황제로서의 야망이

니콜라이 2세의 가족사진. 자상한 아버지였던 니콜라이 2세는 알렉산드라와의 사이에서 1남 4녀를 두었다.

없었다. 결혼해서 아이를 낳고 오순도순 따뜻한 가정을 꾸미고 평범하게 살고 싶어 했다. 그는 빅토리아 여왕의 외손녀인 알렉산드라와 결혼하여 1남 4녀를 낳았는데 아내와 자식을 지극히 사랑하여 집무를 끝내고 아이들과 놀아 주고 항상 아내를 보듬어 주는 현부양부賢父良夫였다. 그의 자상한 모습은 가족과 함께 찍은 사진들에서 잘 나타나고 있다.

아버지 알렉산드르 2세가 갑작스런 죽음을 맞이하지 않았다면, 어쩌면 오랜 시간 배우고 변화하며 황제의 그릇을 키웠을 수도 있다. 그러나 건강한 아버지가 암살당하고 26세의 젊은 나이에 황제의 자리에 오르다 보니, 지적으로나 육체적으로 황제의

라스푸틴. 수도사이자 예언자였던 라스푸틴은 혈우병에 걸린 황태자를 치료하며 신임을 얻은 뒤 황실의 배후에서 내정간섭을 일삼았다.

자질을 갖출 겨를도 없이 대제국을 떠맡게 되었다. 니콜라이 2세가 즉위 직전 아내 알렉산드라와 함께 울며 하나님에게 보호해 달라고 애걸했다는 이야기가 전하는데, 아마 사실일 것이다.

처음부터 황제는 인기가 없었다. 러시아는 독일과 적대 관계인데 황후 알렉산드라는 독일 출신이었다. 황제가 황후를 사랑할수록 황후에 대한 반감과 충돌할 수밖에 없었다. 게다가 딸 넷을 내리 낳고 마지막에 어렵게 낳은 아들이 혈우병에 걸렸다. 혈우병은 빅토리아 여왕 집안의 유전병이었다. 황제는 혈우병을 고치기 위해 갖은 노력을 다했고, 결국 수도사 라스푸틴의 영적 치료에 매달리게 되었는데, 이것이 스캔들로 비화되어 일파만파 퍼져 나가면서 황실과 민중은 더욱 괴리되었다. 그 와중에도 황제는 민중의 반감으로부터 오직 가족을 보호하는 데 전념할 뿐이었다.

혁명과 전쟁 사이에서

니콜라이 2세는 1905년부터 1914년까지 차일피일 개혁을 미루었다. 민중의 저항이 폭발하려고 하면 받아들일 것처럼 시간을 끌며 버티다가 곧 없었던 일로 외면해 버렸다. 1914년 러시아 민중의 분노는 한계에 도달했다. 혁명적 정세가 도래하고 있었다.

그때 사라예보 사건이 터지고 오스트리아-헝가리제국이 세르비아에 선전포고를 했다. 발칸반도에서 러시아의 영향력에 대한 명백한 도전이었지만, 러시아는 전쟁을 할 형편이 아니었다. 황제가 합리적인 판단을 할 수 있다면 피해야 할 전쟁이었다. 그러나 니콜라이 2세는 전쟁을 통해 국내 상황에서 도피하고 싶었다.

러시아는 전통적으로 전쟁 중에는 애국심과 충성심으로 온 나라가 똘똘 뭉쳤다. 1904년 보수와 개혁의 갈등도 러일전쟁 개전과 함께 봉합되고 전 민중이 1년 동안 황제와 조국에 대한 충성으로 전쟁을 수행하였다. 이는 100년 전 나폴레옹 침략 때도, 200년 전 스웨덴과의 전쟁 때도, 그리고 장차 30년 뒤에 일어날 2차 세계대전 때도 나타난 러시아 특유의 역사적 경험이었다.

니콜라이 2세는 전쟁으로 민중의 저항을 잠재우고, 승전함으로써 황제의 위엄을 회복하여 통치권을 강화하고자 했다. 결국 그는 총동원령을 선포했고, 3국협상의 세 나라(러시아·영국·프랑스)는 전쟁에 휘말리게 되었다.

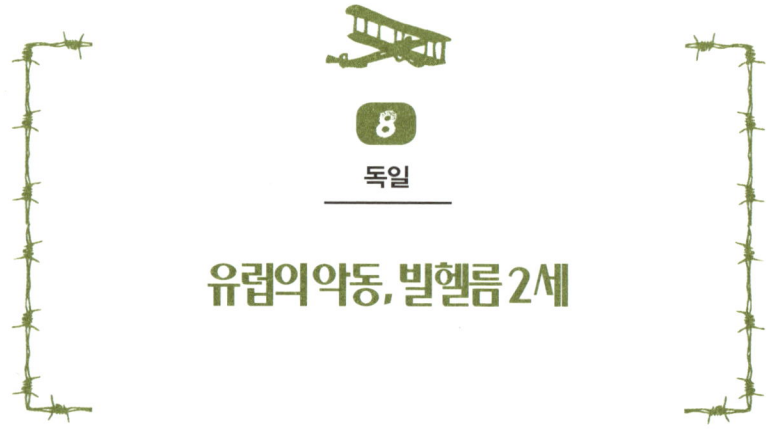

8 독일

유럽의 악동, 빌헬름 2세

1914년 1차 세계대전이 발발할 때 당사국인 영국, 독일, 러시아의 황제들은 공교롭게도 인척 관계였다. 영국 빅토리아 여왕의 손자가 영국의 조지 5세, 여왕의 장녀 빅토리아가 낳은 아들(외손자)이 독일의 빌헬름 2세, 여왕의 차녀 앨리스가 낳은 딸(외손녀)이 러시아의 황후 알렉산드라였다. 이외에도 그리스 왕, 루마니아 왕비, 노르웨이 왕, 루마니아 왕, 덴마크 왕비, 스페인 왕 등 주요 국가의 왕과 왕비가 모두 빅토리아 여왕의 자손들이었다.

그러나 근대국가는 민족국가로서 국가와 민족의 이익이 우선이며, 국가원수의 사적 관계나 감정은 배제되었다. 이미 수많은 국가원수들—영국의 찰스 1세, 프랑스의 루이 16세, 오스트리아의 페르디난트 1세 등—이 처형당하거나 추방당했다. 아무리 황제라 해도 국민의 뜻을 거스르면 죽음을 면치 못하는 시대이고, 그것이 민주주의의 기초였다. 그러니 황제들이 친인척 사이라는 것이 국가 간 경쟁에서 큰 변수로 작용하지는 않았다.

이처럼 황제의 지위가 예전 같지 않았지만, 설마 1차 세계대전으로 빌헬름 2세가 추방되고 니콜라이 2세와 알렉산드라 황후가 처형당하는 운명을 맞이하리라고는 본인들도 전혀 예상하지 못했을 것이다.

비스마르크와의 대립

독일의 빌헬름 2세는 야심만만한 황제였다. 할아버지 빌헬름 1세가 죽은 뒤 100일 만에 황위를 물려받을 때부터* 오직 독일 제국의 번영에만 관심을 두었고 사촌의 나라인 영국에 대해 강한 도전 의식을 갖고 있었다.

그런가 하면 빌헬름 2세는 지독한 콤플렉스의 소유자이기도 했다. 어머니 배 안에 있을 때 거꾸로 자리를 잡는 바람에 태어날 때 왼팔 상완신경총이 마비되는 장애를 얻었는데, 이로 인한 열등감으로 변덕이 아주 심한 황제가 되었다. 정책을 너무 급격하게 변환하여 그의 시대에 독일이 파국을 맞을 거라는 예언이 떠돌기도 했다.** 빌헬름 2세 치세 동안 독일의 호전적 성

---

* 빌헬름 1세가 고령으로 사망하자 그의 아들 프리드리히 3세가 즉위하였다. 그러나 새로운 황제는 불과 99일 만에 암으로 죽었고, 이에 빌헬름 1세의 손자이자 프리드리히 3세의 아들인 빌헬름 2세가 즉위하였다.
** 앨리스터 혼, 《베르됭 전투》, 조행복 옮김, 교양인, 2020. 31~32쪽.

빌헬름 2세(왼쪽)와 비스마르크(오른쪽). 도적적인 팽창정책을 펼쳤던 빌헬름 2세와 유연한 대외정책을 추진했던 비스마르크는 사사건건 대립했다.

향은 황제 개인의 성격과 연관이 있는 것으로 여겨진다.

빌헬름 2세가 즉위할 당시 독일의 수상은 그 유명한 철혈정책의 비스마르크Bismarck였다. 비스마르크는 '대독일주의와 소독일주의의 대결은 오직 전쟁으로만 해결할 수 있다'는 철과 피의 연설로 유명하지만, 독일 통일 후에는 영국 등의 견제를 피하기 위해 유연한 대외정책을 취하였다. 비스마르크의 대외정책은 한마디로 현상 유지, 즉 현재의 국경과 평화를 유지하며 독일의 국제적 지위를 굳건히 하는 것이었다. 전임 황제 빌헬름 1세는 비스마르크의 정책을 충실히 따랐다.

그러나 빌헬름 2세는 반대였다. 그는 제국주의 시대 식민지 쟁탈전에서 뒤처지는 것은 곧 영원히 2등 국가 신세에 머무른다는 의미이고, 이는 약육강식의 시대에 재앙으로 이어질 거라고 생각했다. 빌헬름 2세는 비스마르크와 사사건건 부딪친 끝에 결국 그를 수상 자리에서 쫓아내 버렸다. 비스마르크는 쫓겨난 뒤에도 빌헬름 2세의 정책을 파멸적 정책이라고 비판하였고, 죽은 뒤에도 비문에 "빌헬름 1세에게 진정으로 충실했던 독일의 공복"이라고 새겨 강한 불만을 드러냈다. 유족은 빌헬름 2세의 국장 제안을 거절하기도 했다.

팽창정책의 대명사 '3B 정책'

빌헬름 2세의 도전적이고 공세적인 제국주의적 팽창정책은 1890년 비스마르크 해임 직후부터 거세게 세계를 강타했다. 이를 상징하는 단어가 '3B 정책'이다. 3B 정책은 베를린·비잔티움·바그다드를 연결하는 철도를 건설해 아시아와 아프리카로 진출할 교통로를 만든다는 내용으로, 원래는 철도망 건설을 의미하지만 역사적으로 독일 팽창정책의 대명사처럼 언급된다.•

빌헬름 2세는 철저한 군국주의자로서 일본 등 여러 나라에 영향을 미쳤다. 훗날 패전으로 망명자 신세가 되었을 때도 신념을 버리지 않았다. 히틀러의 사절이 방문했을 때도, 그는 군국주의자가 아니라는 이유로 히틀러를 비판했지만, 2차 세계대전 때 독일이 프랑스를 점령하자 히틀러에게 축전을 보냈다.

• 영국이 이에 대응하여 '3C 정책'을 취했다고도 하는데, 3C 정책은 실제로 존재했던 것이 아니라 일본에서 당시 정세를 설명하기 위해 만든 말이라는 것이 요즘 상식이다.

'유럽의 악동enfant terrible' 빌헬름 2세. 프랑스, 터키, 영국, 독일, 이탈리아, 오스트리아, 러시아 등 유럽 각국의 통치자들이 못마땅한 얼굴로 지켜보는 가운데 독일 황제 빌헬름 2세가 걸어가고 있다. 배경에 세르비아와 루마니아의 모습도 보인다.

이런 일화들을 종합해 볼 때, 빌헬름 2세가 러시아의 도전에 응전하지 않기를 바라는 것은 무리였다.

제국주의의 모순이 고조되면서 전쟁 위협은 이미 갈 데까지 간 상황이었고, 이제 결심하는 단계만 남은 상태였다. 3국동맹의 일원인 오스트리아-헝가리제국이 세르비아에 선전포고하고, 3국협상의 러시아가 총동원령을 내렸으니 더 이상 주저할 수 없었다.

9 영국

하노버 왕조에서 윈저 왕조로

16~17세기 영국은 종교 갈등으로 계속 홍역을 치렀다. 가톨릭(메리 여왕)과 영국국교회(엘리자베스 1세)의 갈등부터 청교도혁명과 명예혁명까지, 피비린내 나는 갈등과 암투가 계속되었다. 1701년, 즉위를 앞둔 앤 여왕(재위 1702~1714)의 유일한 후계자 윌리엄 왕자가 사망하고 더 이상의 후사를 기대하기 어렵게 되자 의회는 확실한 왕위 계승 원칙을 만들어 앤 여왕 즉위 이후 발생할 수 있는 혼란과 갈등의 여지를 없애려 했다.

그렇게 만들어진 왕위 계승 원칙은 개신교도 중 가장 왕실과 혈통이 가까운 사람 순으로 물려준다는 것이었다. 이 원칙에 가장 부합하는 사람이 앤 여왕이었고, 그다음은 독일 하노버 공국의 제후와 결혼한 제임스 1세의 손녀 소피아, 3순위는 소피아의 아들 조지였다. 그런데 1714년 두 달 간격으로 소피아와 앤 여왕이 잇달아 세상을 떠나면서 조지가 영국 왕에 즉위하게 되었다. 바로 하노버 왕조의 1대 왕 조지 1세이다.

입헌군주제 원칙 세운 하노버 왕조

조지 1세는 어머니 혈통에 따라 영국 왕이 되었지만 독일인이고 영어도 잘 못했다. 게다가 영국은 의회 권력이 강하고 가톨릭을 신봉하는 왕족의 반란 음모도 끊이지 않았다. 불안한 왕위 자리를 지키는 것도 곤욕이어서 그는 정치 개입을 극도로 꺼려 했다. 이런 상황은 '왕은 군림하나 통치하지 않는다'는 입헌군주제 원칙과 의회 내각제가 정착하는 계기가 되었다.

물론 조지 1세 이후 하노버 왕조의 왕들 중에 통치를 하고 싶어 하는 왕도 있었다. 7대 왕 에드워드 7세가 그랬다. 에드워드 7세가 살았던 시대(1841~1910)에는 빌헬름 1세·빅토리아 여왕·러시아의 알렉산드르 3세 등 위대한 황제가 많이 활약했고, 그가 재위했던 기간(1901~1910)에 인척지간인 빌헬름 2세와 니콜라이 2세가 강력한 권력을 휘두르고 있었다. 에드워드 7세는 자신의 역할을 강조하면서 러시아 황제와 독일 황제 등을 만나 1900년대 외교적 갈등을 해결하려 노력하기도 했다.

하지만 당시 세계정세는 그리 녹록지 않았다. 무엇보다 미국과 프랑스가 공화제를 성공적으로 정착시키고 강대국으로 성장하고 있었다. 19세기까지 공화정은 이론으로만 존재하는 이상적 제도로 공산주의만큼이나 허황된 것이었다. 프랑스혁명 시기 공화정은 공포정치로 무너졌고, 미국의 공화정은 이름만 공화정일 뿐 노예제사회와 다름없었다. 그런데 남북전쟁 이후 미국 공화정과 1871년 이후 프랑스 공화정은 성공적으로 산업혁명을 완성하고 정치적 안정을 누리며 정착에 성공했다. 당연히 영국에서도 공화정을 원하는 목소리가 높아졌다.

이런 상황에서 에드워드 7세의 뒤를 이어 하노버 왕조의 8대 왕으로 즉위한 이가 조지 5세(재위 1910~1936)이다. 그의 할아버지 앨버트는 하노버 왕조의 인척이자 독일의 작은 공국의 후계자인 독일인이었다. 앨버트가 빅토리아 여왕과 결혼하여 낳은 에드워드 7세의 차남이 조지 5세였다. 그래서 조지 5세는 영국과 독일 사이의 긴장이 고조될 때마다 입장이 난처해지곤 했다.

몸을 낮추고 전쟁에 헌신한 조지 5세

조지 5세는 왕권 강화를 원한 아버지의 유산, 독일과의 불편한 관계, 공화정 세력의 위협 등 복잡한 문제를 안고 있었다. 이런 상황에서 1차 세계대전이라는 엄청난 사건은 영국 왕실에 중대한 위협이 아닐 수 없었다. 그는 이 위기를 극복하기 위해 황제의 역할과 의회와의 긴밀한 관계 유지를 최우선으로 삼았다. 유럽에서 전시 황제 중 유일하게 자신을 낮추는 선택을 한 것이다.

• 조지 5세의 아들이자 황태자인 에드워드는 할아버지 에드워드 7세의 유산을 계승하고자 했다. 조지 5세와 에드워드는 자주 충돌했고 의회는 황태자를 불안하게 지켜보았다. 조지 5세가 죽은 후 에드워드 8세는 의회와 자주 부딪쳤고 마침내 미국 여인 심

조지 5세. 제1차 세계대전이 일어나자 조지 5세는 모든 독일계 작위 칭호를 버리는 등 위기 극복을 위해 몸을 낮추었다.

통치는 의회와 내각에 맡기고 황제로서 전쟁에 헌신하는 자세를 보였다. 수시로 군대와 병원을 방문해 병사와 부상자들을 위로하고, 공장을 찾아 노동자들의 노고를 치하했다. 또 전쟁기금 마련을 위한 기부금 모금 캠페인에 적극 앞장섰다. 심지어 200년 동안 이어진 하노버 왕조의 명칭도 '윈저 왕조'로 바꾸었다. 우리에게 익숙한 엘리자베스 2세와 다이애너 황태자비, 그리고 찰스 3세의 윈저 왕조는 조지 5세가 1차 세계대전 때 국민들의 반독일 정서를 고려하여 이름을 바꾼 데서 기인한 것이다.

조지 5세의 노력으로 영국인들은 전쟁에 적극적으로 참가하였을 뿐 아니라 황제에 대해서도 깊은 존경심을 갖게 되었다. 이는 러시아혁명 이후 불어닥친 거센 사회주의혁명의 태풍이

슨Wallis Simpson 부인과의 결혼 문제로 갈등이 폭발했다. 황제 계승권이 미국인에게 넘어가는 것을 원치 않았던 의회가 결혼을 강력하게 반대하자 에드워드 8세는 황제 자리를 팽개치고 영국을 떠나 버렸다. 이후 독일을 방문하여 히틀러를 만나고 2차 세계대전 이후 냉전을 지지하는 등 절대권력에 대한 동경과 강경 보수 입장을 계속 유지했다. 그의 극우적 행보에는 심슨 부인도 큰 영향을 미쳤다고 한다.

영국 왕실을 비껴 간 원동력이 되었다.

1차 세계대전 당시 영국에서 전쟁 수행의 책임은 의회와 내각 수상 에스퀴스Heruberts Asquitth에게 돌아갔다. 에스퀴스 수상과 자유당 내각은 1차 세계대전에 소극적으로 대응했지만 참전을 피할 수는 없었다. 영국군은 1914년 8월 23일부터 프랑스-벨기에 국경에서 독일과 격렬한 전투에 돌입하였다.

10 프랑스

반독일로 똘똘 뭉치다

프랑스는 1차 세계대전 주요 당사국 중 유일한 공화국이었다. 1871년 프로이센-프랑스전쟁(보불전쟁)에서 참패하고 나폴레옹 3세가 포로가 된 뒤 프랑스는 공화정을 선포하고 두 번 다시 왕정으로 돌아가지 않았다. 몇 차례 왕정복고 시도가 있었지만 프랑스인들에게 왕정은 프랑스혁명 이후 패배와 치욕의 기억일 뿐이었다.

3공화국 혼든 드레퓌스 사건

프랑스 3공화국 시대(1870~1940) 중 전반기 45년은 벨 에포크 시대로 기억된다. 공화정의 자유로운 분위기에 프랑스혁명 시기 자코뱅에서부터 이어진 좌파의 진보적이고 자유로운 공기가 팽배했다. 아이러니컬한 것은 이런 자유로운 분위기에서 제국주의 팽창정책이 기승을 떨쳤다는 것이다. 이 또한 유럽 좌파의 한계이자 시대적 한계일 것이다.

드레퓌스 재판. 유대계 프랑스군 장교였던 드레퓌스는 독일에 정보를 넘겼다는 혐의로 유죄를 선고받았다. 이 사건을 둘러싸고 프랑스 사회는 격렬한 논쟁과 분열에 휩싸였다.

3공화국 전반기 최고의 위기는 '드레퓌스 사건'이었다. 포병대위 드레퓌스가 독일대사관에 군사 정보를 팔았다는 혐의로 체포되었는데, 별다른 증거가 없었음에도 그가 유대인이라는 이유로 유죄를 선고받자 프랑스의 유대인과 지식인들이 저항한 정치적 사건이다. 실제로 드레퓌스가 간첩이었는지는 지금도 논쟁 중이지만, 어쨌든 이 사건으로 프랑스 군대는 가톨릭, 반유대주의, 왕당적 집단과 공화파, 진보적·반교권적 집단으로 분열되었다.

군대의 혼란은 거기에서 그치지 않았다. 에밀 루베Émile Loubet 대통령 시절(1899~1906) 총리였던 에밀 콩브Émile Combe

는 드레퓌스가 석방되자 교회와 국가의 분리를 완성하겠다며 '승인되지 않은' 종교계 학교와 수도원 등을 폐쇄했는데, 이를 위해 군대를 동원하는 바람에 군 내부 분열이 더욱 심화되었다. 또 반교권주의자 육군 장관인 루이 앙드레가 진급 심사에서 전횡을 일삼아 유능한 가톨릭교도 장교들이 불이익을 받았다. 사회적으로도 군에 대한 불신이 매우 높아졌다. 군복무 기간은 2년으로 단축되었고 군대 내 반란 사건도 종종 일어났으며, 청년들의 군 소집 불응도 심해져 무려 30퍼센트 이상이 이탈했다.

그러나 역설적으로 군의 무력無力과 무능은 독일 빌헬름 2세의 팽창정책으로 인해 프랑스 국민들을 불안하게 했고, 스스로 벨 에포크를 포기하는 길로 향하도록 안내했다.

푸앵카레를 향한 전 국가적 지지

푸앵카레Raymond Poincaré 대통령은 독일과의 전쟁으로 계속 주인이 바뀐 알자스-로렌 지방 출신으로 프랑스인들에게 '보복주의자'로 인식될 만큼 강경한 반독일주의자였다. 1912년 총리로 선출되고 이듬해 대통령으로 선출되었다. 그는 총리 시절부터 독일과 맞서 싸우기 위해 프랑스-러시아 동맹을 강화시키고자 러시아를 방문하는 등 최선을 다하였고, 사라예보 사건으로 전쟁 위기가 높아질 때도 러시아의 참전을 적극 지지하였다.

푸앵카레 대통령의 강경한 대독일 정책은 프랑스 지식인들의 지지 속에서 가능했다. 《자아예찬》,《뿌리 뽑힌 사람들》의 작가 모리스 바레스 Maurice Barrès는 1871년 프로이센-프랑스 전쟁에서의 굴욕적 패배를 상기시키며 청년들에게 죽음을 각오하고 독일과 싸워야 한다고 주장하여 큰 호응을 얻었고, 드레퓌스를 적극 옹호한 〈타이스Thaïs〉의 작가 아나톨 프랑스Anatole France조차 70세의 나이로 프랑스를 위해 참전하겠다고 말했다. 이 시기를 상징하는 대표적 발언은 프랑스 경찰국장에게서 나왔다.

푸앵카레 대통령(오른쪽)과 조프레 참모총장(왼쪽)

"노동자들은 봉기하지 않을 것이다. 그들은 군악대 뒤를 따를 것이다."

이런 분위기였기에 푸앵카레가 군복무 기간을 3년으로 늘렸을 때 아무도 반대하지 않았고, 군 동원령을 거부하고 이탈하는 청년의 비율도 1.5퍼센트 이하로 줄었다. 이제 프랑스는 푸앵카레 대통령을 중심으로 뭉쳐 1871년의 패배를 복수하고 국가의 위상을 높이겠다는 목적 하에 완벽하게 단결하였다.

1차 세계대전이 일어나자 푸앵카레 대통령은 참모총장 조프레와 함께 의회에 선전포고를 승인해 달라고 요구했고, 그 요구는 당연히 받아들여졌다. 푸앵카레는 전쟁에 대한 총체적 지지에 매우 만족했고, 단호하게 독일과의 전쟁을 개시했다.

'닥치고 공격', 드 그랑메종

나폴레옹 시대 이후 가장 호전적인 프랑스 군대를 지배한 정신은 '드 그랑메종De Grandmaison'*이다. 일종의 '닥공'(닥치고 공격하기) 전술로 총검을 들고 무조건 돌격하는 것이다. 마치 러일전쟁 당시 일본군의 공격을 연상시키는 전술이다. 프랑스 참모부는 드 그랑메종에 입각하여 '제17계획'을 만들었다. 독일과 전쟁이 일어나면 80만 대군이 라인강을 향해 돌격한다는 계획으로, 독일을 정신 못 차리게 밀어붙여 속전속결로 전쟁을 끝내는 것을 목표로 하였다. 그런데 이는 당시 독일이 준비하고 있던 프랑스 침공 시나리오인 '슐리펜 계획'의 의도에 정확하게 맞아떨어졌다. 하지만 드 그랑메종 정신을 잘 보여 주는 말 중에 이런 말이 있다.

"공격에 적의 의도는 중요하지 않다."

전쟁의 수렁은 점점 깊어지고 있었다.

---

* 드 그랑메종Loyzeau de Grandmaison(1861~1915) 육군 대령이 내세웠던 '죽을 때까지 공격하기' 전술에서 비롯된 말로, 프랑스군의 돌격 정신을 상징한다.

11
독일 사회민주당

계급이냐 민족이냐

1900년대 유럽의 사회주의자들은 대단히 혼란스러웠다. 절차적 민주주의가 자리를 잡는 가운데 그들은 대중정당과 혁명정당 중 한 쪽 길을 선택할 것을 강요받고 있었다. 그 선택은 전쟁의 위협이 커지면서 한층 더 복잡한 상황을 연출하였고, 결국 전쟁의 당사자인 프랑스 사회당과 독일 사회민주당(사민당)이 충돌했다.

사회민주주의와 스탈린주의의 분화

1904년 암스테르담에서 열린 국제사회주의자 대회에서 독일 사민당은 부르주아 정당을 반동적 집단이라며 비타협적 행동을 강조한 반면, 프랑스 사회당은 개혁의 목적에 동의한다면 부르주아 정당과 연대할 수 있다고 주장했다. 이는 좌파 정당의 정치적 영향력에 관한 논쟁으로, 정치적 힘이 없는 정치세력이 어떻게 전쟁을 막을 것인가 하는 문제와 맞닿아 있었다.

1907년 독일 슈투트가르트에서 열린 국제사회주의자대회에 모인 각국 대표자들.

이후 1907년 슈투트가르트에서 열린 국제사회주의자대회에서 프랑스 사회당은 전쟁이 발발했을 때 모든 국가의 노동자들이 혁명적 파업을 일으켜야 한다는 결의안을 제안했다. 그러나 독일 사민당은 실패가 분명한 총파업을 지지할 수 없다고 했고, 결국 대회에서는 총파업이 아닌 '가장 효과적으로 보이는 수단'을 통해 전쟁을 저지하도록 노력하자고 타협하였다.●

이는 국제 프롤레타리아주의라는 마르크스주의의 대의가 현실 정치에 적용되기에는 너무 이상적이라는 문제를 드러낸 것

● 베른트 파흘렌바흐, 《독일 사회민주당 150년의 역사》, 이진모 옮김, 한울, 2017. 48~49쪽.

이었다. 선거를 통해 국민의 지지를 받아 정치적 영향력을 획득하고 개혁을 이루려면 민족주의를 무시할 수 없었다. 이를 넘어서려면 절차적 민주주의를 무시하고 공산당이 일당독재를 하는 수밖에 없었다. 유럽 좌파 정당은 혁명이냐 개량이냐가 아니라 민주냐 독재냐를 선택하도록 강요받았고, 현실 좌파 정당들이 그렇듯 결국 독재가 아닌 민주주의를 선택하였다. 이 선택은 유럽 사회주의 역사에서 사회민주주의와 스탈린주의의 경계를 만들었다.

또한 이러한 선택은 1900년대 독일 사민당에게 커다란 어려움을 던졌다. 국가 내부의 계급 문제에만 집중하고 국제 문제에 대해서는 멀리 떨어져 있게 만든 것이다. 독일 사민당은 다가오는 전쟁 위협 속에서 국가 방위의 명분에 끌려갈 수밖에 없었다. '효과적으로 보이는 수단'은 존재하지 않았으며 이를 만들어 낼 능력도 없었다. 독일 사민당 초기 지도자 중 한 명인 아우구스트 베벨August Bebel은 1904년 제국의회에서 러시아가 독일을 공격하면 자신도 참전하겠다고 선언했고, 1907년 전당대회에서는 조국을 방어해야 할 상황에 직면한다면 실제로 그렇게 하겠다고 주장했다.

사민당의 딜레마

1914년 1차 세계대전이 터졌을 때 독일 사민당의 행동은 분명했다. 사라예보 사건으로 독일 참전 분위기가 고조되던 7월까

1918년 11월 9일 베를린 혁명 희생자들의 장례식에서 연설하는 후고 하제. 후고 하제는 독립사민당의 공동 창립자이기도 했다.

지 반전 집회를 열었지만, 8월 전쟁이 시작되자 적극적으로 전쟁에 협조했다. 당 총재 후고 하제Hugo Haase는 조국을 위기에 방치하지 않겠다고 선언하고, 제국의회에서 사민당 의원 전원이 전쟁채권 발행에 찬성표를 던졌다.

사민당의 전쟁 협조는 마르크스주의자들의 정의와 원칙을 저버리는 행위였다. 하지만 전선에서 수많은 사상자가 나오고 있는데 아군의 등 뒤에 총질을 하는 짓을 할 수도 없었다. 독일 사민당은 1917년까지 전쟁 앞에서 지극히 무기력한 태도를 보였다. 그래서 1920년대 독일 극우파들이 1차 세계대전의 패전이 좌파의 배신 때문이라며 그 책임을 사민당에게 돌렸을 때

무척 억울할 수밖에 없었다. 사민당은 전쟁에 아무런 영향도 미치지 못했기 때문이다.

독일 사민당 내에서 전쟁에 대한 비판적 목소리는 1916년 비로소 나오기 시작했다. 지루하게 이어지는 참호전과 인명 손실로 전쟁에 회의적인 분위기가 팽배해지자 제국의회의 긴급 예산안 표결에서 일부 사민당 의원들이 반대표를 던진 것이다. 이들은 결국 탈당해서 '독립사민당'을 창당했지만 정치적 영향력은 미미했다. 사실 독립사민당은 베른슈타인Eduard Bernstein 같은 수정주의자부터 로자 룩셈부르크Rosa Luxemburg 같은 극좌파까지 망라되어 내부 문제가 복잡한 데다, 좌파 내에서 소수파였기에 다수파 사민당을 넘어서는 목소리를 낼 수 없었다.

전쟁에 휩쓸려 간 마르크스주의

프랑스는 독일 침략에 대한 방어전을, 독일은 러시아 침략에 대한 방어전을, 러시아는 독일 침략에 대한 방어전을 전쟁의 명분으로 내세웠고, 각국의 좌파들은 상대 국가의 독재와 야만적 폭력성으로부터 민중을 보호한다는 명분을 내걸고 전쟁에 협조하였다. 이로써 전쟁은 부르주아의 이윤 갈등에 따라 일어나는 것이며 프롤레타리아는 얻는 것 없이 희생만 할 뿐이니 세계 노동자들은 총파업 등으로 전쟁에 적극 저항해야 한다는 마르크스주의의 대의는 매장되었.

1차 세계대전은 유럽 사회주의자들에게도 분기점이 되었

다. 애국과 민족의 이익을 전제로 하는 사회민주주의자와 그렇지 않은 정통 사회주의자로 분열되는 계기가 된 것이다. 전자는 제도권 정당으로서 2차 세계대전 이후 좌파 정권을 수립하여 사회민주주의 정책을 발달시켰고, 후자는 스탈린주의로 경도되어 1990년대 사회주의권 붕괴와 함께 역사에서 사라졌다. 1차 세계대전은 독일 사민당의 평가처럼 "좌파 진영 내의 중요한 대립점은 민주주의냐 독재냐의 문제였고, 이런 과정을 통해 급진 세력이 이탈하고 분명하게 민주적 의회제의 길을 선택함으로써 20세기 사민당이 태어난"* 계기가 되었던 것이다.

---

* 베른트 파흘렌바흐, 《독일 사회민주당 150년의 역사》, 55쪽.

12 일본

아무도 바라지 않은 참전

일본의 참전은 뜻밖의 사건이었다. 일본은 독일과 친선 관계였고, 영국과 미국이 일본의 참전을 원치 않았기 때문이다.

일본은 메이지유신 이후 근대화 과정에서 독일에게 많은 것을 배우며 발전했다. 1889년 헌법을 제정할 때도 독일제국 헌법을 많이 참고하였다. 헌법 제정의 주역이었던 이토 히로부미가 직접 독일을 방문하였을 뿐만 아니라 헌법 초안을 작성할 때 고문으로 독일인 헤르만 뢰슬러와 알프레드 모세가 참여했다. 일본 천황제가 영국의 민주적 황제가 아니라 독일의 권위적 황제 제도를 본떠 만들어진 것은 당연한 결과였다.

나라의 기본인 헌법에 미친 영향이 이 정도이니 다른 것은 말할 것도 없다. 근대적 군대를 만들면서 독일군 문화를 수용하여 일본군도 엄격한 위계와 질서를 강조하게 되었고, 교육제도도 독일에서 많이 들여와 일본의 식민 지배를 받은 한국에까지 많은 영향을 남겼다. 그래서 일본 내부에서조차 일본이 독일에게 선전포고할 것이라고 생각하는 이가 많지 않았다.

그런데 왜 참전하게 된 것일까? 이는 일본 정치체제의 변화와 절묘하게 맞아떨어지는 부분이 있었기에 가능했다.

유명무실한 천황

일본의 오랜 쇼군 통치 시대를 마감하고 천황의 직접 통치를 이룩한 이는 메이지 천황(1867~1912)이다. 그의 시대에 일본은 제국주의 국가로 발돋움하여 청일전쟁·러일전쟁에서 승리를 거두고 타이완과 한국을 식민지로 만들었다. 뿐만 아니라 근대적 개혁을 단행하고 산업혁명을 이룩하였으며, 의회 선거를 통한 절차적 민주주의를 도입하고 보통 교육과 신분제 폐지 등도 이루었다.

메이지 천황이 당뇨와 그 합병증으로 59세의 이른 나이에 죽고, 아들 요시히토가 33세의 한창 나이로 즉위했으니 바로 다이쇼 천황이다. 다이쇼 천황은 핸디캡이 두 개 있었다. 하나는 후궁 출신이라는 점이다. 메이지 천황의 황후가 자식을 낳지 못하고 다른 후궁의 소생들도 일찍 죽어서 결국 후궁 나루코가 낳은 요시히토가 여덟 살 때 황후의 아들로 입양되어 황태자가 되었다.

또 다른 결정적 핸디캡은 건강이었다. 요시히토는 태어나면서부터 병약해서 크게 앓았고 자라서도 학교를 유급할 정도로 건강이 좋지 않았다. 성장통을 극복하고 20대에 결혼하면서 건강이 좋아졌지만 잠시뿐이었고 점점 더 나빠졌다. 말년에는 정신마저 흐려졌다.

"(천황이 건강을 위해 운동 삼아 걷기를 하며 군가를 부르는데) 그 군가는 항상 '길은 육백팔십 리'였는데 건망증이 걸리셔서 '길은 육백팔십 리 나가토의…' 부분까지만 부르시고 그다음은 도저히 기억이 안 나시는 모양이었다. 결국은 '길은 육백팔십 리 나가토는…' 부분을 반복해서 부르셨다."•

메이지 천황의 뒤를 이어 즉위한 다이쇼 천황. 선천적으로 몸이 허약해 천황의 역할을 제대로 수행하지 못했다.

요시히토는 결국 1921년 42세의 창창한 나이에 황태자 히로히토에게 섭정을 맡겼다. 천황이 사실상 부재한 상태에서 권력은 내각으로 넘어갔다. 당시 일본 정치는 메이지유신을 주도한 사쓰마번·죠수번 출신인 번벌 세력과, 의회를 장악하고 있는 정당 세력이 갈등하고 타협하며 이끌고 있었다. 1차 세계대전이 일어났을 때는 오쿠마 시게노부大隈重信 총리가 이끄는 오쿠

• 요네쿠보 아케미, 《천황의 하루》, 정순분 옮김, 김영사, 2012, 237쪽.

실질적으로 일본 정치를 이끌었던 총리 오쿠마 시게노부(왼쪽)와 외무대신 가토 다카아키(오른쪽).

마 내각(1914~1916)이 정치를 주도했고 이때 외무대신은 가토 다카아키加藤 高明였다.

가토 외무대신은 일본이 참전해야 한다는 신념이 강했다. 당시 번벌 세력의 지도자였던 야마가타가 독일과의 전쟁에 반대했지만 가토는 무시하고 한밤중에 몸이 좋지 않아 휴양지에서 쉬고 있는 다이쇼 천황을 찾아가 참전 승인을 받아 냈다.

제국주의로 나아가다

일본 정부가 노린 것은 중국과 태평양에 있는 독일의 식민지와 이권이었다. 일본은 이 중 일부를 1차 세계대전 종전 이후 전리품으로 받아냈고, 이 지역은 2차 세계대전 당시 태평양에서 일본이 미국을 공격하는 전략적 요새의 역할을 했다.

즉, 일본이 1차 세계대전에 무리하게 참전한 이유는 중국과 태평양의 전략적 요충지를 장악하여 장차 중국 본토와 태평양으로 진출할 교두보를 확보하고, 유사시 미국이나 영국의 공격을 받을 경우 전략적 거점으로 삼고자 했던 것이다. 역으로 영국이 일본의 참전을 꺼린 것도 일본이 중국이나 태평양에서 영국 등 서구 제국의 이권을 침범할까 두려웠기 때문이다. 그래서 영일동맹을 이유로 일본이 참전하려 할 때 영국이 만류했음에도, 일본은 영국의 의견을 무시하고 참전을 강행했다.

당시 일본은 천황이 부재한 상태에서 내각정치·정당정치가 발전하고 있었고 번벌과 정당, 원로와 신예들이 갈등하고 타협하는 상황이었기 때문에 강한 신념을 갖고 밀어붙이는 정책을 막기 어려운 구조였다. 이것이 일본의 참전을 가능하게 했다. 그러나 일본의 무리한 참전은 1차 세계대전 종전 이후 미국과 영국의 강한 견제를 불러옴으로써 장차 태평양에서 일본과 미·영 세력이 충돌하는 원인을 제공하였다.

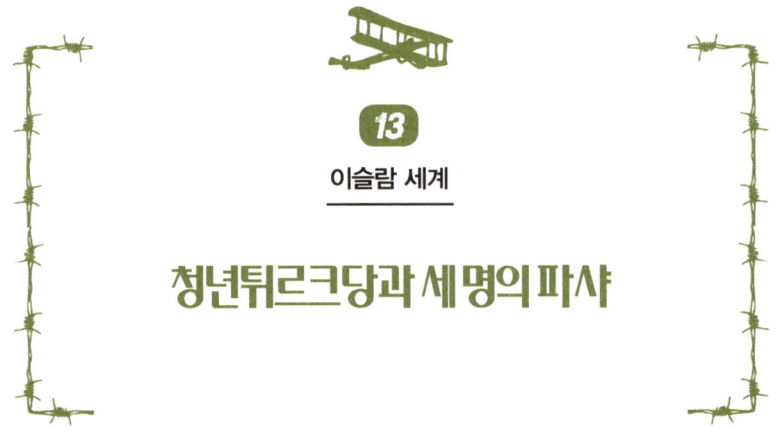

13 이슬람 세계

청년튀르크당과 세 명의 파샤

7세기 이슬람이 탄생한 이후 1천 년 동안 교세가 꾸준히 확장되어 전성기인 17~18세기에는 동유럽에서 동남아시아까지 유라시아 대륙에 걸쳐 수많은 이슬람 제국이 수립되었다. 세계 인구의 절반이 이슬람을 믿었다고 해도 과언이 아니었다.

그러나 서양 제국주의의 침략으로 이슬람 제국들은 하나둘 무너지기 시작했다. 아프리카의 이집트, 남부아시아의 인도, 동남아시아의 인도네시아 등 지역을 대표하는 이슬람 제국들조차 영국, 프랑스, 네덜란드의 식민지로 전락했다.

길을 잃은 개혁

이슬람의 종주국인 오스만튀르크 역시 그 흐름을 거스르지 못했다. 기독교가 공인된 도시로 유명한 콘스탄티노플을 함락시키고 오스트리아 빈을 포위 공격하여 기독교 세계 정복을 눈앞에 둘 정도로 강력했던 오스만제국은 19세기 들어 곳곳에서 유럽 군대에 패해 서남아시아 일대로 축소되었다.

위기를 극복하기 위해서는 서양식 근대적 개혁이 절실했다. 그러나 그 개혁은 이슬람 교리에 위배되는 것이었다. 이슬람은 '움마'라는 공동체를 중심으로 운영되는데 근대 유럽 국가는 강력한 중앙집권 국가였다. 또 이슬람은 다문화 사회지만 근대 유럽 국가는 민족국가였다. 오스만과 그 주변 이슬람 제국에서 '탄지마트', '와하브 운동', '알리의 개혁' 등 다양한 이름의 개혁을 시도했지만 번번이 실패하고 오히려 제국주의적 침략을 더 부채질했다.

1908년 오스만제국에서 '청년튀르크당'이라는 비밀결사 조직을 중심으로 한 쿠데타가 일어났다. 이슬람 사회는 전통적으로 연장자 우선이기 때문에 조직 이름에 '청년'을 넣은 것부터 이슬람 전통에 반기를 드는 정치 결사임을 드러내는 것이었다. 청년튀르크당의 쿠데타와 정권 획득은 오스만제국의 전면적인 유럽식 개혁 추진을 의미하는 것이었다.

그러나 청년튀르크당은 곧 심각한 모순에 빠졌다. 유럽 근대 국가는 민족국가이므로 이를 수용한 개혁 역시 민족주의적 개혁일 수밖에 없고, 따라서 청년튀르크당의 개혁은 튀르크족 중심의 개혁이었다. 당연히 오스만제국의 틀 안에 있던 다른 민족들의 분리독립 움직임이 거세게 일어났다. 개혁은커녕 오스만제국이 공중분해될 위기에 빠진 것이다.

청년튀르크당은 의회를 토대로 한 민주정부가 아니라 군사

1908년 청년튀르크당의 장교들. 청년튀르크당은 쿠데타를 일으켜 오스만제국의 황제 압둘하미드 2세를 몰아내고 의회를 도입하는 등 유럽식 개혁을 추진하고자 했다.

독재정부로 전락했다. 분리독립운동을 잔인하게 진압하고 여러 민족을 무차별 학살했다. 이슬람도 아니고 근대국가도 아닌, 마치 민족 차별로 망한 1천 년 전 중세 우마이야 왕조 같은 꼴이 되었다.•

• 우마이야 왕조는 이슬람 최초의 제국이다. 그러나 창시자 무함마드의 민족인 아랍족이 다른 민족보다 우월하다는 생각에 비아랍인을 차별하는 정책을 펼쳤고 결국 100여 년 만에 비아랍인의 반란으로 망하였다. 이후 이슬람 제국은 모든 민족은 코란 앞에 평등하다는 정신을 국정의 제일 원칙으로 삼았다.

독일의 동맹군이 되다

1914년 1차 세계대전이 일어나자 청년튀르크당은 적극적으로 참전의 기회를 엿보았다. 그들 역시 외부로 국민의 눈을 돌릴 필요가 있었다. 처음에는 영불 연합군이나 독일군 양쪽 모두에 선택권이 있었다. 독일은 3B 정책을 추진하며 바그다드 등 이슬람 중심부를 끊임없이 침략했고, 영국과 러시아는 오스만튀르크의 서쪽 경계에 있는 이집트와 동쪽 경계에 있는 이란을 침략했다. 어느 유럽 국가든 오스만제국 입장에서는 원한이 있었으니 꼭 누구의 편을 들어야 할 이유가 없었다. 그저 이기는 쪽을 택하는 것이 가장 현명한 판단이었다.

불행히도 영국과 프랑스는 오스만튀르크와의 연합을 원치 않았던 것 같다. 두 세력 사이에는 이해관계가 상충하는 것이 많았다. 반면 독일은 오스만튀르크가 수에즈 운하를 공격하여 영국의 해상 루트를 차단하거나, 크림 반도 등지에서 러시아를 견제할 경우 전쟁을 유리하게 이끌 수 있었다. 결국 오스만제국은 독일의 동맹군으로 1차 세계대전에 참전하

청년튀르크당의 핵심 인물 중 한 명인 제말 파샤.

게 되었다.

청년튀르크당을 주도한 핵심 인물은 세 명의 '파샤Paşa'(탈라트 파샤, 제말 파샤, 엔베르 파샤)였다. 파샤는 장군의 의미도 있지만 가장 존경받는 사람이라는 뜻도 있다. 이 중 제말 파샤는 영국과의 연합을 추진했는데 영국과의 협상이 실패로 돌아가고 다른 두 파샤가 독일과의 동맹을 지지하여 결국 제말도 독일과의 동맹에 찬성했다.

제말 파샤는 1차 세계대전에 참전하여 시리아 총독으로서 곳곳에서 주요 전투를 치렀으나 원하는 성과는 거두지 못했다. 군대의 사기는 형편없었고 나라는 분열되어 있었다. 그는 영국이나 러시아와의 전투만큼이나 내부 반란 세력과의 싸움에 많은 군사력을 할애했고, 그 과정에서 아르메니아인 집단학살 등 수많은 학살 사건의 주범이 되었다. 또 독일군의 능력에 회의를 느꼈지만 전쟁을 포기할 수도 없었다.

제말 파샤와 오스만제국은 잘못된 전쟁과 잘못된 개혁 속에서 헤어날 수 없는 깊은 죽음의 늪으로 빨려 들어가고 있었다. 그리고 오스만제국은 1차 세계대전 이후 역사에서 완전히 지워지는 비운을 겪게 된다.

14
슐리펜 계획

독일의 필승 전략

전쟁을 앞둔 독일에게 가장 큰 고민은 3국협상으로 인해 동쪽(러시아)과 서쪽(프랑스) 양쪽에 모두 적을 두었다는 것이었다. 양쪽의 적에게 협공당하는 것은 병법兵法에서 필패의 형국이다. 프랑스와 러시아 두 나라를 상대로 어떻게 전쟁을 치러야 할 것인가? 이 고민을 해결하기 위해 고안된 것이 '슐리펜 계획'이다.

회전문을 강하게 밀어라

슐리펜 계획은 1891년부터 1906년까지 독일 육군 참모총장을 지낸 알프레트 폰 슐리펜Alfred Graf von Schlieffen 백작이 고안한 전략이다. 1890년대 러시아와 프랑스가 동맹을 맺자, 독일이 양쪽에서 전쟁을 치르게 될 것을 예상하고 개발해 낸 것이다. 이 계획은 2차 세계대전 때에도 히틀러의 프랑스 침공 계획의 기본 틀로 활용되었다. 계획의 핵심은 먼저 프랑스를 치고 그다음 러시아를 굴복시켜야 한다는 것이다.

1891~1906년 독일 육군 참모총장을 역임한 알프레드 폰 슐리펜.

러시아는 영토가 광대하고 철도망이 부족하므로 병력 집결에 시간이 걸릴 것이다. 따라서 러시아가 병력을 소집하기 전에 프랑스를 굴복시켜야 한다. 그런데 여기에 문제가 있었다. 프랑스와 독일의 국경지대에는 견고한 방어망인 드 리비에르 de Rivières 장군의 요새 체계가 있었다. 이것을 시간 내에 뚫을 방법이 없었다.

그 대안으로 제시된 것이 중립국인 벨기에를 통과해 파리 북부로 치고 들어가는 것이다. 중립국을 공격하는 것은 불법이므로, 이 작전이 성공하려면 외교적 노력을 통하여 벨기에를 설득해야 했다. 그러나 실제로는 1차 세계대전, 2차 세계대전 때 모두 불법적으로 벨기에를 침공했다.

그런데 독일이 벨기에를 통해 파리 북부로 침공하면 당연히 프랑스-독일 국경지대는 무방비 상태가 되고, 프랑스군이 독일로 진격하게 된다. 이를 회전문 현상이라고 했는데, 슐리펜은 회전문이 강하게 돌아야 한다고 주장했다. 즉, 프랑스군이 독일로 진격하는 속도가 빠를수록 독일군이 프랑스로 진격하는 속도도 빠르다는 것이다. 독일군이 파리를 통과하여 프랑스군의 배후를 잡아 알프스산맥 쪽으로 밀어붙여 박살 내고 전쟁을 끝낸다는 것이 이 계획의 최종 시나리오였다.

그러나 1914년 1차 세계대전이 일어나고 독일군이 전격적으로 프랑스를 공격했을 때 독일 육군 참모총장은 슐리펜이 아니라 헬무트 폰 몰트케Helmuth von Moltke였다(재직 1906~1914). 몰트케가 참모총장이 된 것은 빌헬름 2세의 무능함 때문이라고 할 수 있다. 당시 독일군 지휘부는 계급과 신분에 따라 승진과 보직 임명에 차별이 있었고 황제의 신임도 크게 작용했다.

회전문을 이해하지 못한 몰트케는 슐리펜 계획과 달리 프랑스-독일 국경지대 방어망을 강화했다. 프랑스가 회전문을 밀어야 하는데 그것을 방해한 것이다. 이것이 독일의 재앙으로 이어졌다.

독일, 초반 승기를 잡다

1914년 8월 독일군이 벨기에를 거쳐 프랑스 국경으로 밀려들었다. 프랑스-벨기에 국경에는 많은 프랑스·영국 연합군이 방어선을 구축하고 있었다. 그러나 독일 육군은 전통적으로 강력한 군대였다. 실전의 핵심인 하사관들의 능력이 가장 우수했고 예비군 제도를 통해 많은 병력을 빠르게 동원할 수 있었다. 게다가 프랑스군은 연대에 6정밖에 보유하지 못한 기관총을 독일군은 수없이 많이 보유했다. 중포도 프랑스는 300문을

1914년 8월 국경전투에서 독일에 밀려 앤트워프로 퇴각하는 동안 바리케이드 뒤에 앉아 휴식을 취하는 벨기에 군인들.

보유한 데 비해 독일군은 3,500문이나 있었다. 경험, 화력, 실전 능력 모두 독일이 한 수 위였다.

한 달 동안 벌어진 '국경전투'에서 프랑스-영국군은 후퇴를 거듭했다. 전략적 후퇴의 측면도 있었지만 독일군에게 밀리는 기색이 역력했다. 프랑스-독일 국경지대 프랑스군의 진격 속도도 더뎠다. 독일군 방어 병력이 증강된 데다 프랑스군은 아직도 무모한 돌격전술을 신봉하고 있었다. 20세기에는 어울리지 않는 흉갑胸甲(군인들이 몸을 보호하기 위해 가슴에 대는 보호대)의 기병대가 돌격하다 기관총의 밥이 되곤 했다. 초기 전황은 분명 독일이 승리할 것처럼 진행되고 있었다. 미국 통신원은 파리가 곧 함락될 것이라고 떠들었고, 프랑스 정부는 황급히 피난 짐을 싸기 시작했다.

  그때 엉뚱한 사건이 일어났다. 파리로 진격하던 독일 1군단이 갑자기 방향을 꺾어 프랑스군을 포위하려 든 것이다. 프랑스인들은 이를 '마른의 기적'이라고 불렀다. 전쟁의 양상을 바꿀 믿지 못할 사건이 벌어진 것이다.

15 마른 전투

참호전의 시작

슐리펜 계획에 따라 독일군은 벨기에를 관통하여 프랑스 북부 국경지대의 방어선을 뚫고 파리로 진격했다. 진격 루트는 프랑스 서부 해안지대를 따라 남하하는 것으로, 슐리펜에 따르면 회전문을 오른쪽으로 미는 형국이었다. 한편 독일-프랑스 국경지대인 알자스-로렌 지역에 있던 프랑스군은 슐리펜 계획의 예상대로 라인강을 향해 과감하게 진격했다. 이는 회전문의 왼쪽을 미는 형국이다.

슐리펜 계획이 실패한 두 가지 이유

그런데 실전에서 슐리펜 계획은 계획대로 되지 않았다. 독일 참모총장 몰트케 때문에 회전문이 왼쪽으로 돌지 않고 멈춰 버린 것이다. 몰트케는 프랑스군이 너무 빠르게 진격할 것을 걱정하여, 프랑스군 앞에 8개 사단을 추가로 배치했다. 슐리펜은 오른쪽 문을 강하게 밀수록 더 좋다고 했으나, 몰트케는 왼쪽

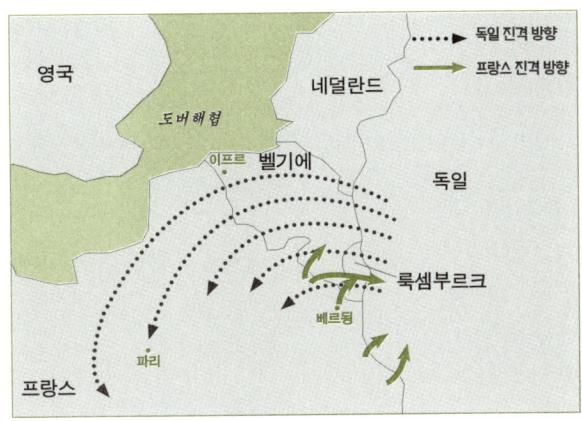

슐리펜이 구상한 독일과 프랑스의 진격 루트.

문을 막는 것을 선택한 것이다. 이로써 파리로 진격하는 독일군 가까운 거리에 발이 묶인 프랑스군이 있게 되었다.

슐리펜 계획이 차질을 빚은 두 번째 이유는 러시아 군대가 빠르게 동원되었다는 점이다. 광대한 러시아 영토에서 군대를 모집하느라 시간이 걸릴 테니 그전에 파리를 함락시켜 서부전선에서 승기를 잡고 그다음 동부전선에서 한바탕 싸울 계획이었는데, 막상 전쟁이 터지자 러시아군은 독일과 동시에 병력 동원에 성공했다. 물론 슐리펜이라면 더욱 강력하게 회전문을 밀었을 것이다. '오른쪽 문을 더 강하게 밀수록 좋다'는 것인데, 몰트케는 반대로 동부전선에 2개 군단을 추가로 파견했다.* 이

* 동부전선의 독일군은 추가 병력 2개 군단이 도착하기 전에 러시아 군대를 격파했다. 결국 2개 군단이 동부전선도 서부전선도 아닌 독일 땅 한복판에 묶여 있을 때 마른 전

로써 서부전선에서는 병력이 부족해졌고 회전문을 미는 힘도 약해졌다.

게다가 프랑스 영토 안에서 영국·프랑스 연합군을 몰아붙이던 독일군은 결정적 실수를 하였다. 독일군 1군이 파리로 진격하다 말고 눈앞의 프랑스군을 포위하기 위해 안쪽으로 방향을 튼 것이다. 이로써 독일군 1군은 파리 수비군에게 측면을 노출시켰고, 이에 후퇴하던 영국·프랑스 연합군이 반격을 가했다. 이것이 바로 마른 전투이다. 독일군 1군과 2군이 프랑스군과 마른강 일대에서 격돌한 전투이다.

교착상태에 빠진 전선

독일군은 파리를 빨리 함락하려고 강행군을 하느라 몹시 지치고 보급도 부족한 상태였다. 프랑스군이 전략적으로 빠르게 후퇴하고 있어서 반격을 가할 거라고 예상하지 못했으며, 동부전선으로 2개 군단이 차출되는 바람에 병력도 부족했다. 결국 1군과 2군은 큰 피해를 입었고 더 이상 전진할 수 없었다. 그러자 나머지 3, 4, 5군도 전진을 멈출 수밖에 없었다. 슐리펜 계획은 좌절되고 말았다.

전쟁에서 가장 취약한 군대는 후퇴하는 군대, 그리고 양쪽에

투가 일어났다.

1914년 마른 전투 상황을 묘사한 신문 삽화. 이 신문은 프랑스군이 프랑스 북부 도시 모meaux에서 독일군을 추격하여 승리를 거두었으며, 이로써 전쟁의 흐름이 바뀌었다고 설명하였다.

서 공격당하는 군대이다. 마른 전투 이후 독일군이 그 상태였다. 그나마 다행인 것은 프랑스군도 큰 피해를 입어서 반격할 힘이 없었고, 러시아군은 타넨베르크 전투에서 독일군에게 패하여 수세에 몰렸다는 점이었다. 독일군은 체제를 정비할 시간이 있었다.

독일군은 프랑스 점령지에서 방어하기 좋은 지역을 골라 참호를 파고 견고한 방어선을 구축했다. 땅을 파고 철조망을 깔고 기관총을 설치해서 적군이 쉽사리 들어오지 못하도록 한 뒤, 다시 전진할 힘과 전술을 준비하려 했다. 그러자 프랑스 쪽에서도 참호를 파기 시작했다. 뚫지 못하면 뚫릴 수 있으니 이

15 | 마른 전투 _ 참호전의 시작

쪽도 준비를 해야만 했다.

　오스트리아-헝가리제국의 군대는 세르비아를 공격하였으나 패배했다. 오스만튀르크제국 군대는 러시아를 공격하였으나 역시 실패하였다. 3국동맹의 일원이었던 이탈리아는 참전을 거부했다. 아시아에서는 독일군이 일본 등의 공격을 받아 패하면서 주요 전투가 일찌감치 끝났다. 1914년 여름에 시작된 독일, 오스트리아-헝가리제국, 오스만튀르크제국의 공격이 모두 실패로 돌아가고 전선은 교착상태에 빠졌다.

　그리고 서부전선에서는 지루하고 잔인한 참호전이라는 지옥도가 전개되기 시작했다.

16 철조망

1차 세계대전의 상징

양을 치던 한 목동이 울타리를 넘어 도망치는 양들 때문에 애를 먹었다. 이런저런 수를 써 보았지만 백 가지 방법이 모두 허사였다. 그러던 어느 날 목동은 우연히 양들이 찔레 가시가 있는 수풀 근처에 절대 가지 않는 것을 발견했다.

'울타리에 이 가시를 심으면 어떨까?'

철사에 찔레 가시를 꼬아 울타리를 쳤더니 양들이 넘어가지 않았다. 목동은 기뻐하였고 이를 특허 내서 부자가 되었다. 이렇게 만들어진 것이 철조망이다.

유럽 대륙을 휘감은 가시덤불

이 이야기의 주인공은 1860년대 미국 초원의 목장에서 일하던 조지프라는 목동으로 알려져 있는데, 찔레 가시가 아니라 장미 가시였다고도 한다. 또 조지프 외에 자신이 철조망의 최초 특허권자라고 주장하는 이들이 여럿 있다. 어쨌든 이 유용한 발

1차 세계대전 당시 벨기에 해안가에 설치된 철조망. 서부전선의 끝 지점이다.

명품이 1차 세계대전 대량학살의 기초 시설이 되리라고 생각한 이는 아무도 없었을 것이다.

마른 전투에서 패한 독일은 서부전선에서 점령지를 방어하고 프랑스를 공격할 힘을 비축하기 위해 견고한 방어선을 즉각적으로 만들어야 했다. 그래서 땅을 깊숙이 파서 참호를 만들고 참호와 참호를 연결하여 기다란 방어선을 구축했다. 가장 긴 참호는 길이가 20킬로미터 이상이나 되었다.

그러나 참호는 땅을 파서 만드는 방어 시설이기 때문에 성벽이나 요새 같은 적 보병의 진격을 방해할 지상의 장애물이 없어 공격에 상당히 취약했다. 이 문제를 해결하기 위해 참호 앞에 견고한 철조망 라인을 구축했다. 날카로운 가시가 박혀 있는 거칠고 굵은 철조망으로 참호 앞을 넓게 둘러싼 것이다. 참호로 돌격하는 병사는 철조망에 걸려 전진을 멈추게 되고, 굵은 가시에 찔려 심한 상처를 입기도 했다. 철조망은 총알을 가

1차 세계대전 당시 참호의 구조.

려 주지 못하니 철조망 앞에 멈춘 공격병들은 참호 속 병사들의 손쉬운 먹잇감이 된다. 진격해 온 병사들은 순식간에 집중사격을 받고 전멸하게 되는 것이다.

기관총, 대포, 탱크…, 철조망 돌파에 동원된 무기들

1차 세계대전의 참호전은 철조망을 적극적으로 활용한 전투였다. 전투의 양상은 철조망 방어선을 돌파할 방법, 혹은 철조망을 이용하여 적군에게 좀 더 심대한 타격을 주는 방향으로 발달하였다. 철조망 앞에서 전진을 멈춘 적 병력을 더 빠르게, 더 많이 죽이는 데 가장 좋은 무기는 기관총이었다. 기관총은 분당 수백 발을 발사할 수 있는 자동화 무기로, 수백 명을 기관총 1문으로 손쉽게 격퇴할 수 있었다.

그렇다면 공격하는 쪽에서 철조망을 무력화할 무기는 무엇이었을까? 처음에는 대포였다. 엄청난 화력, 그리고 최대한 빠르게 쏠 수 있는 대포들이 참호와 참호 앞 철조망 라인에 포탄의 비를 쏟아부었다. 그다음 방법은 독가스 살포였다. 독가스가 철조망을 넘어 참호 속으로 스며들어 병사들을 몰살시키면, 절단기와 토치로 철조망을 끊고 유유히 걸어서 참호를 점령했다. 그다음에는 탱크로 철조망을 짓밟고 전진했고, 전투기가 등장해서 하늘에서 폭탄을 떨어뜨렸다.

대량살상무기를 만든 이들은 자신의 발명이 그토록 악마적 존재가 될 거라고는 생각하지 않았을 것이다. 지금까지 전 세계에서 가장 많은 사상자를 낸 무기가 AK-47 자동소총이라고 하는데, 이에 대해 소총 제작자에게 소감을 물었더니 '나는 조국을 지키기 위해 만들었다'고 대답했다고 한다. AK-47이나 M-16 소총, 원자폭탄 등 엄청난 위력의 살상 무기를 만든 사람들은 모두 인류의 편의나 숭고한 목적을 위해, 혹은 자기편이 정당하다는 믿음에 기반해 발명을 했다. 아인슈타인은 일생 동안 전쟁에 반대하고 과학이 전쟁에 이용되는 것에 반대했지만 결국 인류 최악의 자멸적 무기인 원자폭탄 개발에 참여했다.

철조망은 처음부터 전쟁을 위한 것도 아니었고 그저 양치기의 편의를 위해 만든 것이었다. 그러나 1차 세계대전 4년 동안 수백만의 청년들이 철조망에 걸려 허우적대다 죽어 갔다는 사실, 철조망이 최악의 대량살상무기가 되었다는 것은 우리에게 중대한 교훈을 준다. 사람을 죽이는 것은 인간이고 전쟁 그 자체이지, 무기가 아니라는 것이다. 인간이 인간을 죽이려는 마음만 있으면 어떤 발명품이든 모두 무기가 될 수 있다.

기관총과 대포

신무기의 잔인한 위력

1914년 하반기부터 모든 전선에 참호가 구축되었다. 참호전에서 큰 위력을 발휘한 기관총은 남북전쟁 당시 미국에서 개틀링 Richard Jordan Gatling이 처음 발명한 것으로 알려져 있다. 당시까지 전투는 보병이 밀집대형을 이루고 적진을 향해 전진하는 방식이었다. 총과 검이 함께 사용되었고 기동력은 기마병이 가장 월등했으며, 최후에는 총검이나 창·칼로 육박전을 치러 적의 진지를 점령하는 것으로 결판이 났다.

자동발사, 맥심 기관총의 놀라운 능력

목화씨 뿌리는 기계를 비롯하여 주로 농업용 기계를 발명했던 개틀링은 전쟁이 터지자 총 10개를 묶어 수동으로 회전시켜 번갈아 가며 총알을 발사하는 일명 '개틀링포'를 발명했다. 개틀링포의 연속 발사 속도를 향상시키면 걸어서 전진하는 보병들이 진지에 도착하기 전에 전멸시킬 수 있었다. 이 신무기는 남

미국의 무기 사업자이자 발명가인 하이럼 맥심Hiram Maxim이 자신이 발명한 최초의 휴대용 전자동 기관총을 조작하고 있다.

북전쟁 때는 상용화되지 못했지만 이후 전쟁에서 위력을 발휘했고, 1880년대 자동 발사가 가능한 맥심 기관총이 등장하면서 전투의 양상을 완전히 바꾸어 놓았다.•

1차 세계대전에서도 맥심 기관총이 많이 활용되었으며, 각 나라별로 이를 개량하여 새로운 기관총을 만들어 냈다. 독일은 MG08 기관총, 프랑스 등 연합국은 그 이름도 유명한 호치키

• 마르크스주의자들의 폭력혁명론은 무기 발달과 밀접한 관련이 있다. 마르크스와 함께 마르크스주의를 창시한 엥겔스는 그의 저서 《반듀링론》에서 보병 전투의 발달을 회고하며 시위로 혁명을 일으킬 수 없음을 역설하였고,(엥겔스, 《반듀링론》, 김민석 옮김, 새길, 1987. 3장 폭력론 178~186쪽.) 특히 기관총 발명으로 대량살상이 가능해지자 시위대가 군대의 무력 진압에 맞서 혁명을 일으키는 것이 불가능하다는 생각을 확고히 갖게 되었다. 혁명군이 혁명의 핵심 요소가 된 것이다.

스 기관총(M1914), 오스트리아-헝가리제국은 슈바르츠로제, 러시아는 러시안 맥심(PM M1910)을 사용했다. 기관총 개량은 계속 이어져 전쟁이 끝나 갈 무렵 독일은 대전차용 TuF1918을 선보였다. TuF1918는 2차 세계대전과 이후 현대전에 사용된 기관총의 선구적 모델이었다.

참호 박살 낸 '뚱보 베르타'

참호전의 또 다른 한 축은 대포였다. 1차 세계대전 당시 가장 인기 있는 대포는 75밀리미터 속사포였다. 돌격하는 적군을 분쇄하고 전진하는 아군을 엄호하는 데 가장 탁월한 능력을 보여준 대포였다. 연합국 국민들은 75밀리미터 대포를 찬양하다 못해 '프렌치75'라는 칵테일을 만들어 밤마다 바에서 마시기도 했다. 프렌치 75는 레몬주스 30밀리리터, 진 30밀리리터, 설탕 시럽 5밀리리터에 샴페인을 섞은 것이다.

 참호를 파괴하는 데는 무거운 포탄을 최대한 멀리 발사할 수 있는 초중포超重砲가 유용했기 때문에 대포 구경은 점점 더 커졌다. 특히 독일군은 반격을 위해 초중포를 개발해서 210밀리미터 포에 이어 280밀리미터 포를 만들었고 나중에는 420밀리미터 포도 만들었다. 420밀리미터 대포는 제조사의 상속녀 이름을 붙여 '뚱보 베르타'라고 불렀다.

 뚱보 베르타는 대포의 무게가 1톤이 넘었고, 운반하려면 172개의 부품으로 분해하여 짐마차 12대에 싣고 날랐으며, 조립하

1914년 1차 세계대전 당시 오스트리아-헝가리제국의 포병.

는 데만 20시간이 걸렸다. 성인 남자 크기의 포탄을 날렸는데 발사할 때의 굉음 때문에 반경 3킬로미터 내 창문이 모두 깨질 정도였다. 그 효과도 굉장해서 참호와 요새를 마구 박살 냈다.

조각 난 병사들

1차 세계대전의 끔찍한 참상은 이 포탄들에 의해서 빚어졌다. 오늘날의 포탄은 폭발 순간 잘게 파편이 부서지지만 1차 세계대전 당시 포탄은 조악한 제철 기술로 인해 커다란 쇳덩이들로 쪼개져서 큰 덩어리 파편은 성인 남자가 들 수 없을 만큼 크고 무거웠다. 포탄의 크기도 요즘 것들보다 훨씬 더 컸다. 그 파편이 만들어 낸 참상은 가히 지옥도라 할 수 있었다. 1차 세계대전을 다룬 영화들에서 나무에 걸린 시체나 조각 난 시체들의 모습이 종종 나오지만, 그 비참한 실상을 영상으로 적나라하게 표현하는 것은 미래에도 불가능할 것이다. 1차 세계대전에 참전한 앙리 바르뷔스Henri Barbusse는 소설 《포화Le Feu》에서 다음과 같이 묘사했다.

> 병사들은 으깨졌고 둘로 잘리거나 상체와 하체가 분리되었으며 산산조각이 나 빗줄기처럼 우수수 쏟아져 내렸고 복부는 뒤집혀서 밖으로 흩어졌으며 두개골은 마치 곤봉에 강타당한 듯 송두리째 흉곽 속으로 밀려들어 갔다.*

그러나 전쟁에서 정말 중요한 것은 무기의 성능이나 위력이 아니다. 전쟁은 인간이 하는 것이기 때문이다. 1915년 프랑스는 서둘러 포탄을 제작하느라 불량품을 제대로 걸러 내지 못하여 6개월 동안 불량 포탄 폭발로 대포 600문이 파괴되고 수많은 포병들이 죽고 말았다. 또 75밀리미터 포가 참호 공격에 효과가 없다는 것을 모르고 포화를 퍼부은 뒤 보병을 돌격시키는 바람에 공격부대가 몰살당하기도 했다. 1차 세계대전의 참상은 무기가 아니라 그 무기를 사용한 인간의 무지와 잔인함에서 비롯되었다. 그리고 인간의 무지와 잔인함으로 인해 전쟁 속에서 가장 무기력해진 존재는 다름 아닌 인간이었다.

---

* 앨리스터 혼, 《베르됭 전투》, 조행복 옮김, 교양인, 2020, 123쪽.

18 참호

웅크린 병사들

병사들은 모두 참호 속에 웅크리고 있었다. 적군의 포격이 시작되고 포탄이 작렬하는 소리가 점점 가까워졌다. 적군의 포탄은 처음에는 저 멀리 철조망 지대에 떨어지더니 한 치씩 다가와 참호 1선부터 두들기기 시작했다. 베테랑이든 신병이든 직업군인이든 보충병이든 참호에서는 평등했다. 마침내 다가온 포탄 세례가 무사히 참호를 비껴 가기를 바랄 뿐이었다. 뚱보 베르타의 포탄이 한 발이라도 참호 바로 위로 떨어진다면 전멸이었다.

빈대, 벼룩, 이, 쥐… 지하 공간의 주인들

영화에서 묘사하는 전투에서 병사들은 뛰고, 쏘고, 구르고, 총에 맞아 죽거나, 포탄에 맞아 죽는다. 그러나 1차 세계대전에서는 그렇지 않았다. 병사들은 두더쥐처럼 참호 속에 숨어 하루 종일 멍하니 포탄 떨어지는 소리만 들을 뿐이었다. 그러다 포

참호에서 훈련을 실시하는 러시아 병사들.

탄이 직격하면 다 같이 죽는 것이다. 거기에는 어떤 영웅도 사상도 명분도 없이 그저 개죽음이 있을 뿐이다. 참호전에서 병사들은 군인으로서의 역할로부터 철저하게 소외되었다.

참호의 생활은 열악했다. 땅을 파면 자연히 지하수가 나오기 마련이다. 비가 오거나 봄이 돼서 눈이 녹아도 물이 스몄다. 참호 안에는 늘 물이 고여 있었고 심하면 무릎까지 차올랐다. 참호 바닥은 진흙투성이에 악취가 진동했다. 병사들은 습한 흙 속에 사는 모든 것들과 함께 살아야 했다. 빈대, 벼룩, 이가 항상 들끓었다.

어두운 지하 공간을 지배하는 것은 쥐였다. 지저분한 참호 속에는 쌓아 둔 비상식량부터 시체 조각까지 쥐의 먹을 거리가 많았다. 쥐들은 거침없었고 병사들은 그들을 잡을 여력이 없었다. 병사들은 쥐와 함께 살아야만 했는데, 종종 쥐를 길들여 애완동물로 삼는 병사도 있었다. 물론 쥐는 유사시 식량 대용이기도 했다.

참호에 대한 식량 보급은 형편없었다. 인간과 무기를 무한대로 보충할 수 있는 시스템은 갖추었지만 인간을 위한 식량을 보급할 시스템은 아직이었다. 하루 두 끼 식사도 힘들었고 그나마 통조림들뿐인데 제대로 조리가 되지 않아 맛은 고사하고 씹기조차 힘들 정도로 질기거나 딱딱한 것들이었다.•

참호 속도 군대니까 당연히 계급의 위계가 있었다. 재밌는 것은 가장 위계가 엄격한 군대가 프랑스군이었는데, 아마도 군대에 대한 무관심이 군대 내부의 봉건적 문화 개혁에 대한 무관심으로 이어진 것이 아닌가 생각된다. 장교들은 무엇이든 사병보다 나은 대우를 받았고 심지어 전투가 끝난 뒤 병사들을 챙기지 않아서 많은 병사들이 장교가 자기 숙소로 떠난 뒤 며칠씩이나 전쟁터에 방치되기도 했다. 그나마 위안이라면 포탄은 장교와 사병을 구분하지 않았다는 것 정도?

• 영화 〈서부 전선 이상 없다〉(2022)에는 독일군 장교들이 고급스럽고 여유로운 식사를 하는 모습이 자주 나온다. 후방에서 명령을 내리는 장군의 생활과 참호 속 병사들의 생활을 대조시켜 전쟁에서 희생당한 이들이 누구인지 잘 보여 주고 있다.

삶과 죽음의 경계에서

참호전에서 부상을 입은 병사들은 의료시설이 턱없이 부족한 탓에 많이 죽었다. 부상병들은 2인용 손수레에 실리거나 탄력 없는 구급차를 타고 비포장 도로를 달리는 동안 정신없이 흔들리고 부딪혀 상처가 악화되기 일쑤였다. 의료 인력도 부족해서 미숙련 위생병이 과로 상태에서 급하게 응급처치를 하곤 했다. 수송 시설이나 병원도 비위생적이어서 심지어 가축을 수송한 열차에 부상병들을 태워 후방으로 보내기도 했다.

적절한 처치가 이루어지지 않아 안타까운 목숨들이 허망하게 희생되곤 했다. 포탄이 폭발하면서 발생한 먼지와 파편이 상처에 침투해 가스괴저˙라는 증세를 일으키는데, 이를 처치할 숙련된 의사가 없어 대부분 사망했다. 야전병원에서 가스괴저가 사망 원인 1위였다.

참호 안과 밖에서 많은 병사들이 죽어 가는 와중에도 살기 위해서는 전투와 포격으로 무너진 참호를 다시 복구해야 했다. 포탄을 맞아 찢겨 나간 시신을 일일이 수습하기 어려워 급할 때는 그냥 시체와 함께 흙을 쌓아 참호를 복구했는데, 비가 오거나 포화의 충격으로 참호가 무너지면 종종 절단된 시체 부위가

˙ 가스괴저는 세균 감염으로 상처 부위에서 가스가 발생하기 때문에 붙여진 이름이다. 감염 부위를 즉각 수술을 통해 제거하면 나을 수 있지만 그렇지 않으면 혈류를 타고 빠르게 확산되어 환자를 죽음에 이르게 할 수 있다.

1914년 서부전선 벨기에 이프르Ypres 참호에 있는 독일군의 모습.

드러났다. 삶과 죽음, 이승과 저승이 공존하는 곳이 참호였다.

프랑스에 '전쟁 대모代母'라는 제도가 있었다. 우리가 학교에서 위문편지를 쓰면 무작위로 군인에게 배달하듯, 후방의 여성들이 모르는 병사 한 사람에게 양모 이불을 제공하는 기획 사업에서 비롯된 제도이다. 대모들은 편지에 병사들의 전투 의욕을 고취하는 다양한 이야기들, 심지어 살아 오면 잠자리를 같이 하겠다는 내용까지 적어 넣었다. 어린 병사들은 대모의 격려 때

18 | 참호_웅크린 병사들 111

문에, 혹은 대모에게 비겁한 병사라는 경멸을 당하기 싫어 참호 생활을 버티고 적진으로 뛰어들곤 했다.

그랬다. 20세기 전쟁에서 군인들에게 가장 무서운 것은 어쩌면 눈앞의 적이 아니라 후방에서 전투를 독려하는 아이들, 노인들, 여성들, 정치인들, 지식인들이었다. 전선의 군인들이 후방으로 돌아왔을 때 세상을 적대시한 것도 무리가 아니었다.

19 프리츠 하버

독가스의 아버지

인류를 기아에서 벗어나게 한 공로를 인정받아 노벨화학상을 수상한 프리츠 하버Fritz Haber(1868~1934)는 독일의 유대인 과학자로서 열렬한 애국자였다. "식량은 산술급수적으로 증가하고 인구는 기하급수적으로 증가"한다는 맬서스Thomas Robert Malthus의 경고처럼 당시 인류는 식량 부족으로 고통받았는데, 하버가 개발한 질소비료 합성 방법으로 농산물 생산량이 비약적으로 증가하면서 수많은 사람들이 굶주림에서 벗어날 수 있었다.

당시 유럽 제국들은 침략과 팽창을 위하여 경쟁적으로 과학에 투자하였다. 해열제 키니네가 아프리카 침략의 첨병이 되던 시절이었다. 기차, 비행기, 증기기관, 내연기관, 전기 등 모든 것이 침략의 도구가 되었다. 과학이 뒤떨어진 나라는 식민지가 되는 시대였다. 과학자들로서는 살 만한 시대였다. 하버도 독일 제국의 물리화학연구소에서 최고의 대우를 받으며 연구에 매진하였다. 그의 물리화학연구소는 아인슈타인의 물리연구소와

1920년 베를린의 물리학자와 화학자들. 앞줄 왼쪽 두 번째가 아이슈타인, 오른쪽 두 번째가 프리츠 하버이다.

함께 독일을 세계 과학 발달의 중심으로 이끌었다.

염소가스 앞세운 이프르 전투

40대 중년의 하버는 모든 것을 다 가진 사람처럼 보였다. 세계 최고의 화학자로서 노벨화학상 수상자라는 명예와 인류를 기아에서 구원했다는 존경, 추밀원 고문이라는 높은 작위와 함께 연구소에서 마음껏 연구하면서 엄청난 연봉과 저택 등 각종 경제적 혜택을 받았으며, 총명한 과학자 아내 클라라와 똘똘한 아들이 자라는 행복한 가정도 꾸리고 있었다. 유대인임에도 불구하고!

  1차 세계대전에서 참호전의 수렁에 빠진 독일은 모든 과학자에게 전쟁 무기 개발에 협조하라는 명령을 내렸다. 아인슈타인은 협조를 거부했으나 하버는 적극적이었다. 아인슈타인이 1916년 독일 물리학회 회장에 취임했듯 사실 협조하지 않아도 불이익은 없었지만, 하버의 애국심은 순수하고 열정적이었다.

하버가 주축이 되어 개발한 독가스는 염소가스다. 공기보다 무거워 낮게 가라앉는 염소가스는 참호 속 병사들에게 치명적이었다. 가스에 노출된 병사들은 호흡곤란을 일으켜 결국 죽음에 이르렀다.

염소가스는 1915년 4월 22일, 서부전선 이프르Ypres 전투에서 처음 사용되었다. 바람 방향이 프랑스군 참호 방향으로 불기 시작하자 실린더로 염소가스를 살포하였다. 가스에 무방비 상태였던 프랑스군 병사들은 참호 안에서 처음에는 따가움, 기침, 구토 등의 증상을 일으키다 목을 부여잡고 죽어 갔다. 가스가 지나간 자리에 생명은 없었다. 독일군은 유유히 적진으로 전진했다. 하루 100미터도 전진하기 어려운 것이 참호전인데, 이 전투에서 독일군은 수킬로미터나 전진했다.

불붙은 독가스 개발 경쟁

독가스 사용에 연합국은 경악했다. 1899년 1차 만국평화회의에서 체결된 일명 '헤이그 협약'에서 독가스 사용을 금지했으므로 독일의 행위는 명백한 불법이었다. 물론 독일에게는 그럴듯한 변명 거리가 있었다. 헤이그 협약에서는 독가스 폭탄 공격을 금지했는데, 이프르 전투에서 독일군은 폭탄이 아닌 실린

1918년 독가스 살포에 대비해 방독면을 착용하고 있는 미군 병사들.

더를 사용했으니 협약을 어긴 게 아니라는 것이었다. 그러나 그것은 어디까지나 독일군의 논리이고, 연합군은 독일이 국제법을 어겼다고 정리했다. 그래야 자기들도 독가스를 사용할 수 있으니까.

연합군은 몇 달 뒤 '포스겐phosgene'이라는 새로운 독가스를 개발했다. 포스겐은 무색이어서 구름처럼 보이는 염소가스보다 더 위력적이었다. 단지 곰팡이 냄새 같은 것이 나서 그것으로 가스의 존재를 알 수 있는데, 냄새를 맡았다면 이미 흡입했다는 뜻이므로 전방의 병사들에게는 치명적이다. 포스겐이 피부에 닿으면 화상 증세가 나타나고, 이를 흡입하면 폐가 파괴되어 호흡곤란으로 죽음에 이르게 된다. 농도에 따라서는 몇 시간 안에 사람을 죽일 수 있다.

이제 서로 상대가 국제법을 어겼다고 주장하면서 아무 거리낌 없이 독가스를 사용하게 되었다. 1916년 베르됭 전투부터는 독가스탄이 무차별 사용되었다. 독일군은 하루 최대 11만 6천 발이나 되는 독가스탄을 쏟아부었다. 이 속에서 병사를 살리는 방법은 오직 방독면뿐이었다. 독가스 개발은 방독면 개발로 이어졌고, 창과 방패의 대결이 가속화되었다.

처음 방독면은 열악했다. 독가스가 암모니아에 중화되는 성질이 있어서 걸레에 오줌을 싸서 그걸로 코를 막아 버렸다. 그러다 점차 체계적으로 방독면이 발달하여 모양은 기괴하지만 가장 기초적인 형태의 방독면이 등장했다. 고무의 탄력성을 이용하여 외부 공기를 차단하고 정화통을 통해 호흡을 하는 방식이었다. 방독면이 독가스를 무력화시키자 방독면의 여과 장치를 뚫는 디포스겐이라는 신종 독가스가 나오기도 했다. 1차 세계대전에서는 독가스의 공포가 항상 병사들을 따라다녔다.

국가 영웅의 비참한 최후

프리츠 하버는 국가 영웅 대접을 받았다. 황제, 귀족, 장군 모두 그를 사랑하고 존경했다. 그러나 단 한 사람, 아내 클라라는 그렇지 않았다. 그녀는 과학은 인간을 살리는 것이며 인간을 죽이는 데 이용되서는 안 된다고 믿었다. 남편 하버가 질소비료로 인간을 구한 영웅으로 남길 바랬지 독가스로 사람을 죽이는 악마가 되길 원하지 않았다. 그녀는 남편에게 독가스 개발에서 빠지라고 애걸했지만, 하버에게는 연합국과의 독가스 개발 경쟁이라는 엄청난 국가적 책무가 주어져 있었다. 남편이 말을 듣지 않자 절망한 클라라는 집에서 남편을 위한 축하 파티가 열린 날 남편 서재에서 권총으로 자살했다.

  1933년 나치가 집권하자 하버는 더 이상 독일에 충성하는 과학자가 아니라 한낱 유대인일 뿐이었다. 그는 모든 것을 잃고 독일에서 쫓겨났으며, 1934년 스위스에서 심장마비로 외롭게 죽었다. 그는 죽기 전 자신이 너무 오래 살았다고 한탄했다고 한다. 클라라가 죽었을 때 같이 죽었어야 했다는 뜻이었을까?

20 이탈리아

빈손뿐인 승전국

이탈리아는 독특한 정체성을 갖고 있는 국가이다. 유럽 문화의 기원인 고대 로마제국의 발상지이지만, 로마제국은 이탈리아뿐 아니라 전 유럽의 기원이므로 이탈리아의 국가정체성이 될 수 없었다. 인도에서 불교가 탄생하고 이스라엘에서 기독교가 탄생했지만, 불교와 기독교가 인도(힌두교)와 이스라엘(유대교)의 정체성이 되지 못하는 것과 마찬가지이다.

도시국가에서 통일국가로

이탈리아는 서로마제국 멸망 이후 수많은 도시국가와 봉건 영지로 분할된 채 지역명으로만 존재했다. 비유하면 한반도에 고려나 조선이 있었듯, 이탈리아에 피렌체나 베네치아가 있었던 것이다. 그런 이탈리아에 통일국가의 필요성이 대두된 것은 15세기 말 르네상스 말기 무렵이었다. 동방무역을 장악하고 엄청난 부와 권력을 누리고 있던 이탈리아 도시국가들이 동방과 서방의 공격으로 점차 쇠퇴하기 시작한 것이다. 이탈리아의 도시국가들은 동방무역으로 얻은 부로 용병을 고용하여 유럽 최강의 군사력을 보유하고, 이를 토대로 지중해 제해권을 장악하여 찬란한 르네상스 문화를 일으켰다. 그런데 오스만튀르크제국이 지중해 제해권을 차지하고, 서유럽이 아메리카 식민지를 기반으로 대서양 무역을 일으키면서 위협적인 존재로 성장했다. 이 중대한 위기 상황에서 이탈리아 도시국가들은 내전에 휘말려 자멸하고 있었다.

이에 마키아벨리는 강력한 왕권과 군사력을 갖춘 중심 국가가 다른 국가들을 정복하여 이탈리아 통일국가를 건설하여 중흥의 기틀을 마련하자고 제안했다. 보통 '마키아벨리즘'이라고 하면 지도자의 부도덕성을 용인하는 독재 사상의 원조라고 여기는데, 마키아벨리는 부도덕성을 강조하지 않았다. 당시 교황이 교회의 권력과 이익을 지키기 위해 신앙과 도덕의 이름으로 통일전쟁을 방해했기 때문에 교황이 내거는 신앙과 도덕을 무시해야 한다는 의미로 이야기한 것일 뿐이다. 그러나 결국 마키아벨리는 가톨릭을 이기지 못했고 이탈리아는 분열에 허우적댔다.

19세기 민족국가 건설운동의 흐름 속에 이탈리아도 다시 통일국가 건설운동에 나섰다. 이때의 중심은 이탈리아 서북부의 샤르데냐 왕국이었다. 샤르데냐의 에마누엘레 2세와 재상 카보우르는 마치 빌헬름 1세와 비스마르크처럼 환상의 호흡을

분열되어 있던 이탈리아의 도시국가들을 통합하여 이탈리아반도 전체를 아우르는 국가를 건설한 에마누엘레 2세(왼쪽)와 카보우르(오른쪽).

자랑하며 외교와 전쟁을 적절히 구사하여 1866년 마침내 통일 왕국을 건설하는 데 성공했다. 로마 멸망 이후 1,200년 만에 이탈리아반도 전체를 아우르는 국가가 탄생한 것이다.

한 발 늦은 참전

이탈리아는 즉각 제국주의 국가로 전진했다. 아시아와 아프리카에 영향력을 강화하고 식민지를 확보하기 위해 노력하였으며, 특히 리비아와 소말리아 식민화에 큰 공을 들였다. 그러나 오랫동안 도시국가로 자유롭게 나뉘어 있었던 이탈리아는 제국주의 국가로 발전하는 데 애를 먹었다. 군사력의 혁신이나 중앙집권 체제 수립을 완수할 강력한 중앙정부로서의 모습을을 보이지 못했다. 에마누엘레 2세나 에마누엘레 3세는 독일의 빌헬름 2세, 영국의 빅토리아 여왕 등 다른 제국주의 국가들의 지도자처럼 역사에 선명하게 이름을 남기지 못했으며, 심지어 20세기 전반기 이탈리아를 공화국으로 생각하는 사람까지 있을 정도이다.

고전을 면치 못한 이탈리아는 식민지가 절대 부족한 후발 국가로서 같은 처지인 독일과 친할 수밖에 없었고, 그래서 3국동맹의 일원이 되어 3국협상 측과 대립했다. 당연히 1차 세계대전이 일어났을 때 독일과 함께 참전했어야 했다.

1차 세계대전이 일어났을 때 이탈리아는 복잡한 상황에 놓여 있었다. 이탈리아는 오스트리아-헝가리제국과 통일전쟁 당시 적대 국가였고 그 후에도 영토 분쟁을 겪었다. 독일과는 아프리카로 진출할 때 이해관계 충돌로 갈등을 빚었다. 한 마디로 3국동맹에서 약간 소외되어 있었다. 게다가 동맹국에 동참한 오스만튀르크와는 리비아 지배권을 두고 오랫동안 다투었다. 이탈리아가 동맹국 편으로 참전해서 얻을 이익이 별로 없어 보였다.

차라리 연합국으로 참전하면 실익이 있지 않을까? 트리에스테 지방을 둘러싼 오스트리아-헝가리제국과의 영토 분쟁, 오스만튀르크와 갈등하고 있는 리비아나 소말리아 식민화에 큰 도움이 될 것 같았다. 결국 이탈리아는 오스트리아-헝가리제국과 분쟁 중인 영토의 소유권 보장을 약속받고 1915년 연합국 측으로 참전하였다.

카포레토 전투의 참패

하지만 불행히도 이탈리아는 동맹국과 싸워 이길 군사력이 없었다. 이탈리아를 궁지에 몰아넣은 결정적인 전투는 1916년 이탈리아 국경지대 이손초강 일대에서 오스트리아와 맞붙은 카포레토 전투이다. 이탈리아는 수적 우위에도 불구하고 동맹군의 기습 공격에 참패를 당했을 뿐만 아니라, 서둘러 후퇴하는 바람에 수많은 병력을 포로로 잃었다. 이로써 전선이 이탈리아 북부 피아베강까지 밀렸으며, 이탈리아는 20만 명의 병력을 잃고 독자적 작전 능력을 상실하여 영국·프랑스군에 의존하는 신세가 되었다.

결국 이탈리아는 연합국에 별다른 기여를 하지 못했고, 영토

카포레토 전투에서 패배하여 피아베강을 따라 후퇴하고 있는 이탈리아군.

적 이익을 위해 배신했다는 점만 연합국 지도부에 부각되었다. 3년간 고전을 면치 못하다가 1차 세계대전이 종료된 뒤에도 이탈리아는 요구한 영토를 얻지 못한 채 오히려 독립한 유고슬라비아 왕국에게 일부 영토를 넘겨주고 말았다. 윌슨의 평화안에 따르면 그 지역의 귀속은 지역민의 국적에 귀속된다고 했는데, 이탈리아가 요구한 티롤은 지역 독일인들에 의해 이탈리아 귀속이 거부되고, 달마치아는 지역 이탈리아인들의 요구에도 불구하고 유고슬라비아로 넘어갔다. 명백한 이중 잣대에 이탈리아인들은 분노했다.

1차 세계대전은 이탈리아에게 치욕의 역사가 되었고, 상황을 이 지경으로 만든 정치가들에 대한 국민적 분노가 폭발했다. 분노의 중심에는 참전 군인들이 있었다. 참호전의 가장 큰 피해자였던 참전 군인들은 승전국이지만 패전국 대접을 받은 무능한 정부 때문에 보상은커녕 치료조차 변변히 받지 못했다. 근본적인 정치개혁을 열망한 참전 군인들 앞에 검은 셔츠를 입은 사내가 나타났다. 무솔리니Benito Mussolini였다.

21 무솔리니

검은 셔츠의 파시스트

1915년 이탈리아는 오스트리아-헝가리제국을 공격하기 위해 지금의 슬로베니아 지역으로 진출했다. 이탈리아 동북부에서 슬로베니아를 거치면 바로 오스트리아 수도 빈까지 들어갈 수 있었다. 이탈리아군 앞에는 오스트리아군의 참호가 길게 드리워져 있었다. 하지만 이탈리아 지휘관들은 아직 참호전의 의미를 이해하지 못하고 있었다. 수많은 병사들이 참호를 향해 헛되이 돌격을 감행하다 목숨을 잃거나 불구가 되었다.

그 병사들 중에 베니토 무솔리니도 있었다. 9개월 동안 복무하며 전선에서 싸운 그는 수류탄을 맞고 쓰러졌다. 무솔리니 본인에 따르면 40개의 파편이 몸에 박혔다고 하는데, 어쨌든 목숨은 겨우 건졌지만 중상을 입어 더 이상 군 생활이 불가능했다. 그는 곧 전역하고 상이군인 신분의 민간인이 되었다.

반제국주의 투사의 좌절과 변신

무솔리니는 1883년 태어났다. 그의 이름 베니토는 아나키스트였던 아버지가 유명한 혁명가의 이름을 따서 지어 준 것이다. 머리가 좋아 마음먹고 공부하면 우수한 성적을 거두기도 했지만, 아버지의 영향으로 갖게 된 저항 의식 때문에 학교 생활은 파란만장했다. 1902년 병역을 기피하려 스위스로 피신할 정도로, 청년 시절의 무솔리니는 반국가적이었다.

스위스에서 무솔리니는 칸트와 마르크스 등 독일 철학자부터 생디칼리즘이나 실존주의 등 다양한 사상을 두루 섭렵하였고, 마침내 전투적 사회주의자가 되었다. 총파업 등 직접행동을 통한 사회주의혁명을 주장한 그는 뛰어난 말재주와 열정으로 인기가 많았고 대중적 영향력까지 갖추어 체제 위협 인물로 여겨졌다. 결국 스위스에서 추방당하고 이탈리아로 돌아와 2년 동안 군복무를 하게 되었다.

1906년 제대한 뒤 1914년까지 무솔리니는 사회주의 언론의 집필진으로 맹활약하였다. 그는 철저한 반군국주의·반제국주의 투사로

1차 세계대전 당시 사병으로 복무했던 베니토 무솔리니.

서 날카로운 문장 덕택에 감옥을 제집 드나들 듯하였다. 그만큼 영향력 있고 인기 있는 사회주의자였다. 하지만 앞서 살펴보았듯 1차 세계대전은 프랑스 사회당이나 독일 사민당 등 사회주의자들에게 엄청난 시련을 주었다.

사회주의자도 국가를 선택해야 하는 대전쟁의 무대에서 무솔리니는 한 발 더 나아갔다. 사회주의야말로 무력하고 무모한 헛소리라는 것이었다. 그가 전향한 이유는 여러 가지일 것이다. 가족을 꾸리면서 가장으로서의 책임감과 소시민적 행복을 느끼기 시작했을 것이며, 사회주의 진영 내부의 다양한 논쟁과 분파 갈등이 그에게 회색 그늘을 드리웠을 것이다. 그러나 가장 중요한 계기는 역시 1차 세계대전 앞에 민낯을 드러낸 사회주의의 무력함이었다. 이러한 무력함은 과격하고 급진적인 사람에게 더 큰 충격을 주는 법이다. 선동적인 원론적 혁명가는 현실의 벽 앞에서 일반 활동가들보다 훨씬 더 무력해지기 마련이다.

무솔리니는 이탈리아 사회주의자들이 전쟁에 중립을 선언하고 일신의 안일을 꾀한다고 비판하다가 당에서 제명당했다. 아마도 그는 참전 아니면 총파업 둘 중 하나를 택해야 한다고 믿었을 것이다. 마침내 무솔리니는 참전을 선택했다.

전투파쇼의 등장과 파시스트당 건설

전쟁이 끝난 후 이탈리아는 혹독한 후폭풍에 시달렸다. 전쟁

내내 우유부단했던 이탈리아 사회당은 러시아혁명을 지지하는 급진적 사회주의자들의 도전을 받았고, 결국 그람시Antonio Gramsci 등이 창당한 공산당에게 주도권을 잃었다. 1918년 이후 모든 유럽 국가에서 그랬듯 이탈리아도 러시아혁명을 모방한 거센 사회주의자들의 도전(붉은 2년)에 휘말렸고, 자본가와 중산층 등은 이를 불안하게 바라보았다.

이탈리아에서 가장 소외된 사람들은 참전했던 전직 노동자들이었다. 패전국 대접을 받은 무능한 정부 때문에 어떠한 보상도 받지 못하고 거리에 방치된 그들은 전쟁 중 후방에서 자신들을 비판한 이들, 즉 전쟁을 비판한 사회주의자들에게 강한 적대감을 갖고 있었다. 이들의 불만은 기존의 사상으로는 담아낼 수 없었다. 무언가 새로운 사상이 요구되었다. 1919년부터 기존의 것이 아닌 새로움을 상징하는 검은색 셔츠를 입은 사내들이 이탈리아 거리를 활보하기 시작했다.

이 혼란의 도가니 속에서 탄생한 것이 무솔리니의 파시즘이다. 무솔리니는 강력한 독재정치를 통해 무능한 정치인, 탐욕스러운 자본가, 반민족적·반국가적 사회주의자로부터 민중을 구원하자고 선동했다. 그 첫 결실은 1919년 결성된 '전투파쇼'였다. 전투파쇼의 강령은 공화정, 여성 참정권, 군축, 평화, 농지개혁, 반자본, 자유주의 시장경제 등 좌우파 내용이 모두 들어간 잡탕이었다. 그러나 그들의 공격 대상은 점차 집권 좌파들과 '러시아 방식으로!'를 외치는 사회주의혁명 세력으로 좁

혀졌다. 파시스트 행동대원들은 사회당 본부나 노조 사무실을 타격하고, 조직의 간부들을 테러하였다. 또 유고슬라비아에 귀속된 달마치아의 도시 피우메를 행동대원 등이 포함된 이탈리아 민병대가 점령하기도 했다. 이탈리아를 대표하며 수많은 추종자를 거느린 위대한 시인 단눈치오Gabriele D'Annunzio가 피우메 점령을 주도했고, 이 일로 전투파쇼는 조직적·심정적 동조자를 대거 확보하게 되었다.

전투파쇼는 1921년 5월 총선에서 의회 진출에 성공하였지만, 행동대와 정당 사이에서 방황하였다. 선거에 참여하고 정치적 연설을 하다가 갑자기 의회의 공산당 소속 의원을 끌어내 두들겨 패는 식이었다. 무솔리니는 그해 11월 파시스트당을 창당함으로써 이 문제를 해결했다. 그리고 "사회주의자로부터 나라를 보호하고 나라의 이익을 최고로 구현한다"는 파시스트 강령을 명확히 했다.

로마로 진격한 검은 셔츠의 시위대

파시스트의 위협이 노골화되자 사회주의자들은 총파업을 일으켰지만 행동대원들에게 무자비하게 진압당했다. 퇴역 군인들이 많이 포함된 행동대의 조직적이고 무자비한 폭력 앞에 노동자들은 맥을 못 추었다. 국가는 무력했고 파시스트가 그 자리를 대체했다. 파시스트에게 권력을 넘길 것을 요구하는 대규모 군중집회가 곳곳에서 열렸고, 지역 집회 참가자들은 로마를 향

1922년 10월 나폴리에서 열린 국가파시스트당 회의에 참가한 당원들. 모두 검은 셔츠를 입고 있다. 가운데 몸에 띠를 두른 사람이 무솔리니이다.

한 행진을 시도했다. 마침내 1922년 10월 대규모의 로마 진군이 시작되었다. 여러 곳에서 수만, 수십만으로 불어난 검은 셔츠의 시위대가 로마로 집결하면서 권력을 요구했다.

무능한 정부는 우왕좌왕하다 뒤늦게 군대를 동원해 진압하려 했지만, 이탈리아 국왕 에마누엘레 3세는 새로운 정치를 원했다. 야간열차를 타고 로마에 도착한 무솔리니는 깨끗한 검은 셔츠로 갈아입고 국왕 앞에 나아가 "승리를 통해 다시 한 번 영광을 누릴 이탈리아를 폐하께 바치겠습니다. 저는 충실한 신하입니다"라고 말했다. 그리고 마침내 10월 30일 최초의 파시스트 정권이 탄생했다.

1차 세계대전은 파시즘이라는 괴물을 낳았다. 그 괴물의 산

아돌프 히틀러와 손잡은 베니토 무솔리니. 1938년 그려진 삽화이다.

모는 참호였고, 태아는 참호 속 군인들이었다. 태아가 자라나 마침내 괴물로 성장했을 때, 1차 세계대전에 대한 반성은 사라지고 2차 세계대전이 준비되기 시작했다. 인류는 스스로 고통을 반복할 준비를 하고 있었다.

베르됭 전투 ①

프랑스의 마지막 보루

서부전선의 프랑스 구역 배후로 우리가 도달할 수 있는 곳에는 프랑스 참모본부가 모든 병력을 투입해야만 유지할 수 있는 목표 지점들이 있습니다. 만일 그들이 그렇게 한다면 우리가 목적을 달성하든 달성하지 못하든 간에 프랑스군은—자발적으로 후퇴하는 일은 없을 것이므로—피를 남김없이 흘리고 죽게 될 것입니다. … 지금 제가 말씀드리는 목표는 벨포르와 베르됭입니다. 앞서 강조한 고려 사항은 두 곳에 똑같이 적용되지만, 베르됭이 우선입니다.

독일군 참모총장 에리히 폰 팔켄하인Erich von Falkenhayn이 독일 황제에게 보낸 비망록의 내용이다. 그는 소모전을 통해 프랑스

• 앨리스터 혼, 《베르됭 전투》, 조행복 옮김, 교양인, 2020, 76~77쪽.

군을 말려 죽이자고 제안했다. 이에 대해 《베르됭 전투The Price of Glory》의 저자 앨리스터 혼Alistair Horne은 상상만으로도 오싹하고 섬뜩하고 불쾌하다며 "지도자들이 인간의 생명을 한낱 미물처럼 여긴, 1차 세계대전에서만 볼 수 있었던" 모습이라고 비판했다.

베르됭 전투는 기획 단계에서부터 1차 세계대전의 가장 대표적인 전투로 꼽히기에 손색 없는 조건을 갖추고 있었다.

난공불락의 요새

베르됭은 우리에게 베르됭 전투보다 '베르됭 조약'으로 더 잘 알려진 프랑스 도시이다. 843년 이 조약으로 프랑크 왕국이 세 개의 왕국으로 나뉘면서 프랑스·독일·이탈리아의 역사가 시작되었다고 서양사 수업 시간에 배웠을 것이다. 하지만 그때에도 이미 베르됭이 유명한 요새 도시였다는 사실은 잘 알려져 있지 않다. 베르됭은 로마 시대 훈족의 침략에서 프랑스 혁명전쟁과 프랑스-프로이센 전쟁까지, 고대부터 근대에 이르는 주요 전쟁의 전적지로서 역사의 페이지를 장식해 왔다.

베르됭에는 두오몽을 비롯하여 최소 20개에서 40개가량의 요새와 보루가 있었는데 모두 난공불락을 자랑하는 철옹성이었다. 하지만 놀랍도록 성능이 개량된 대포를 앞세운 1차 세계대전에서 요새의 장벽은 무기력해 보였다. 프랑스군은 요새의 방어 능력에 회의적이었고, 따라서 베르됭에 방어력을 집중하는 것을 원치 않았다. 대신 베르됭 후방에 참호를 중심으로 방

베르됭에 참호를 구축한 프랑스군.

어선을 구축했다. 팔켄하인은 이 점에 주목하였다.

 1916년 들어 독일의 베르됭 공격 계획에 대한 첩보가 프랑스군에 들어오기 시작했다. 독일군 내부조차 모를 정도로 철저하게 보안이 지켜진 터라 정보는 아주 느리게 들어왔지만, 정찰 나간 비행기가 목격한 독일군 포대, 베르됭 주변의 독일군 탈영병, 대규모 독일군 병력 이동 등 무시할 수 없는 정보들이 쌓여 감에 따라 프랑스 참모본부는 위기감을 갖지 않을 수 없었다. 마침내 베르됭을 지키려는 노력이 시작되었고, 푸앵카레 대통령과 참모총장 조프르까지 시찰을 와서 병사들을 격려하며 전투 준비를 독려했다. 그러나 팔켄하인이 계획한 베르됭 공격 예정일인 2월 12일까지 프랑스의 방어 준비는 형편없었다. 독일의 승리가 명백해 보였다.

그러나 운명의 여신은 프랑스 편이었던 모양이다. 11일부터 내린 폭설이 모든 것을 회색으로 감싸 버렸다. 독일군이 악천후를 뚫고 예정대로 전투를 시작했다면 결과가 달라졌을지도 모른다. 그러나 폭설이 포병의 시야를 완전히 가려 버렸고, 대포의 엄호사격 없이 적의 방어진지를 향해 돌격하는 것은 상상할 수 없는 시대였다. 독일군 참모본부는 작전 연기를 명령했다.

두오몽에 쏟아진 무차별 포격

2월 21일 독일군은 맑은 날씨를 등에 업고 진격을 시작했다. 무시무시한 독일군 포격이 프랑스군에 가해졌다. 프랑스군 정찰기는 너무 많은 대포가 발사되고 있어서 어느 장소에서 발사하는지 알 수 없다고 보고했다. 독일군의 무차별 포격에 프랑스 방어선이 무력해졌다. 독일군 정찰기 조종사는 그곳에 살아 있는 것은 아무것도 없다고 보고했다. 프랑스군은 용감하게 저항했다. 엄청난 포격 속에서도 참호 속에서 살아남았고, 참호 속에 쏟아부어진 화염방사기의 잔인한 공격에 대항해 거친 돌격으로 맞서 싸웠다. 그러나 전체적으로 수세였다.

2월 25일 24브란덴부르크연대 2대대 공병분대 분대장 쿤체 중사는 부하들을 이끌고 베르됭의 상징인 두오몽 요새로 군대가 진격할 수 있도록 장애물을 제거하라는 명령을 받고 선발

1916년 1월 두오몽 요새의 입구. 두오몽 요새는 베르됭의 상징이자 난공불락의 철옹성으로 일컬어졌다.

출격했다. 철조망과 철책을 제거하며 전진하던 중 요새를 향한 독일군 포격을 피하다 부하들과 헤어진 그는 마침내 단신으로 요새 안에 들어갔다. 쿤체는 요새 안의 미로를 헤매며 사실상 무방비 상태인 포병들을 무장해제시키고 대포를 무력화하고 막사의 문을 잠가 병사들을 가두었다. 요새 내부에는 독일군을 향해 사격을 가하는 대포와 포탑들, 병사들의 막사 등이 있었는데 공교롭게도 수비 병력 대부분이 요새 밖 전투에 투입되어 안에는 대포를 발사할 포병들만 포탑마다 분산되어 남아 있었다. 여기에 지휘선과 통신선의 혼란으로 군 지휘부가 두오몽 요새의 위기를 알지 못했다. 결국 요새는 쿤체 등 소수의 기습 공격에 점령당하고 말았다.

'뉴 히어로' 페탱의 승부수

절체절명의 위기에 처한 프랑스는 페탱Henri Philippe Pétain 장군을 소환했다. 페탱은 1914년까지 무능하고 괴팍한 장교로 여겨졌지만 1차 세계대전 개전과 함께 일약 장군으로 승진하여 여러 전투에서 혁혁한 전과를 올린 '뉴 히어로'였다. 그가 부임하자 20군단 사령관 빌푸리가 이렇게 말했다.

"장군이십니까? 잘됐군요. 이제 모든 것이 잘되겠군요."

페탱은 효과적인 포병 사격으로 독일군의 진격을 방해하고 전선에 대한 보급을 충분히 확보하기 위해 엄청난 노력을 했다. 훗날 '부아 사크레Voie Sacrée'(신성한 길)라고 불린 보급로에 수많은 트럭들―당시에는 획기적인 수송 수단이었다―이 줄지어 달리며 1주일 동안 19만의 병력과 2만 5천 톤의 군수품을 전선으로 날랐다. 트럭 운전사들은 50~75시간 동안 휴식 없이 운전했고, 베트남인과 세네갈인 등 식민지 노동자들이 도로 유지와 보수를 위해 고된 노동에 참가했다.

독일군은 전진하는 데 점점 어려움을 겪었다. 군대가 전진한 만큼 중포를 분해해서 이동하며 포병대도 전진해야 하는데, 그동안의 독일군 대포 공격으로 도로가 사라지고 땅이 움푹 패인 데다 봄이 되어 땅이 녹고 비가 오는 바람에 엄청난 중노동으로도 대포를 운반하기 어려웠다. 게다가 프랑스군의 공격으로

1916년 3월 베르됭 전투 당시 언덕으로 진격하는 독일군 병사들.

독일 포병대도 피해를 입었다. 독일군의 전진을 가능하게 한 중포의 화력 지원이 점점 약해지면서 독일군 보병의 피해가 커졌다. 여기에 독일군 지휘부의 무능도 한몫했다. 지원부대 계획이 취소되어 병력 부족에 시달렸고, 잘못된 정보로 보병 대대가 무방비 상태로 프랑스군 방어진지에 접근하다 몰살당하기도 했다. 이로써 독일군의 전진은 한풀 기세가 꺾였다.

23 베르됭 전투 ②

소모전의 수렁에 빠지다

1916년 4월, 독일군은 교착상태를 돌파하기 위해 베르됭 서부 모르옴 일대에서 맹공을 가하였다. 특히 304고지에서 격렬한 전투를 벌였고, 한때 이곳을 점령하기도 했다. 그러나 프랑스군은 잘 버텨 냈다. 한편 베르됭 동쪽 두오몽 요새 전방에서는 전형적인 소모전이 진행되었다. 독일과 프랑스 양측의 대포 공격으로 보병들은 참호에서 무기력하게 죽음을 기다리는 신세가 되었다. 아군에 대한 오폭도 종종 일어나, 포병은 모두에게 증오의 대상이 되었다.

참호전에서 가장 위험한 병사는 전령, 식량 수송병, 들것을 나르는 병사들이었다. 이들은 빗발치는 포화 속에서 참호 밖으로 뛰쳐나와 지휘부에 현장의 소식을 전하고 먹을 것을 갖다 주고 부상자를 실어 날랐다. 참호 안과 밖의 생존율이 극명하게 차이가 난다는 점을 염두에 두면, 이 임무를 맡은 병사들이 감수한 위험과 사망률을 미루어 짐작할 수 있을 것이다. 현대

베르됭 전투에서 독일군의 공격에 부서져 버린 프랑스군의 대포.

전은 용감하게 돌격하는 전투의 환상이 사라지고 목숨을 살리기 위해 목숨을 버려야 하는 생존의 사투만으로 구성된 지옥도였다. 차라리 전투에 임하여 소리를 지르며 돌진하는 병사들이 행복한 군인이 아니었을까?

독일의 6월 총공세

5월이 되자 독일군 사령부는 고민에 빠졌다. 석 달 동안 겨우 몇 킬로미터 전진에 그쳤고 베르됭을 점령하지도 못했으며, 프랑스뿐만 아니라 독일도 소모전에 말려들어 엄청난 병력과 군수품을 소진했다. 처음 기획했던 베르됭 전투의 목적과는 거리가 멀어져 버렸다. 이제 어떻게 할 것인가?

베르됭 전투의 독일 지휘부 핵심은 황태자, 팔켄하인 참모총장, 그리고 크노벨스도르프 장군, 이렇게 세 명이었다. 황태자는 베르됭 전투에 회의적이었다. 큰 손실에 비해 이익이 없다고 생각했다. 특히 5월 8일에 일어난 두오몽 요새 폭발 사건이 큰 영향을 미쳤다. 커피를 끓이려고 수류탄 화약을 빼내 불을 붙이다 부주의로 폭발이 일어났고, 불길이 요새 탄약고까지 번져 요새 전체에서 대폭발이 일어났다. 이 사건으로 무려 650명의 독일군이 죽었다.

그러나 크노벨스도르프는 베르됭 전투를 계속 이어 가고자 했다. 애초 목적인 소모전을 통한 프랑스군 말려 죽이기가 순조롭게 진행되고 있다고 판단한 것이다. 팔켄하인은 황태자와 크노벨스도르프 사이에서 우유부단한 태도를 보였다. 황태자는 명목상 지휘관일 뿐 직업군인이 아니어서 그의 주장에는 무게가 실리지 않았다. 보고를 받은 황제는 장군의 손을 들어 주었고 베르됭 전투는 이제 6월 총공세로 이어진다.

6월 1일, 베르됭 동쪽 두오몽 전방의 보 요새를 향한 독일군의 공격이 시작되었다. 이 지역은 베르됭을 수비하기 위한 수빌 요새·벨빌 요새 등 많은 요새와 티오몽 보루 등 방어시설들이 밀집해 있었다. 이중 티오몽 보루는 베르됭 전투 기간 동안 14번이나 주인이 바뀐 최대 격전지였다. 이 전투에서 보 요새가 함락되면서 프랑스군은 최대 위기에 봉착했다. 독일군이 티오몽 보루를 점령한 뒤 수빌 요새를 측면 공격하면 프랑스군 방어선이 뚫릴 것이었다. 프랑스군 지휘부 내에서 베르됭을 포기할 것인지를 두고 격렬한 토론이 오고 갔다. 토론이 점점 비관적인 분위기로 흘러가던 중 또다시 행운이 찾아왔다.

동부전선에서 날아온 구원 요청

전쟁은 무기와 군대만으로 할 수 없다. 밀리터리 마니아들이 실전에서 무용지물인 이유도 이 때문이다. 전쟁은 정치이며 인간 정신과 행동의 산물이다. 그래서 병법을 'Art of War'라고 하지 않던가.

1차 세계대전 당시 연합국과 동맹국 모두 긴밀한 연합 체계를 갖추지 못했고, 동맹국이 더욱 그러했다. 동맹의 핵심인 독일과 오스트리아-헝가리제국은 서로 불신했고 연합작전도 원활하지 못했다. 오스트리아는 베르됭 전투 계획을 사전에 보고받지 못했고, 그래서 독일이 베르됭 공격에 총력을 기울이는 동안 독자적으로 움직였다. 베르됭 전투 당시 오스트리아군은 배신자 이탈리아를 공격하고 있었다. 6월 위기에 몰린 연합국은 러시아에 도움을 요청했다. 러시아군은 즉각 오스트리아를 공격했다. 정확하게 오스트리아가 이탈리아 공격을 위해 5개 사단을 빼낸 지점을 노렸다. 오스트리아군은 궤멸당했고 무려 40만 명이 러시아군에 항복했다. 위기에 빠진 오스트리아는 6월 8일 독일에 구원을 부탁했고, 독일은 동부전선을 지키기 위해 베르됭의 병력 3개 사단을 급파할 수밖에 없었다. 이로써 독

베르됭 전투 당시 폭격으로 부서진 주택.

일의 총공세는 멈추었다.

독일은 전열을 재정비하여 6월 22일 다시 한 번 총공세를 단행했다. 이번에는 수천 발의 독가스 포탄이 사용되었다. 독가스로 프랑스 포병을 무력화시킨 뒤 돌격하는 전술이었다. 녹색의 염소가스는 프랑스군에 공포를 불러일으켰고 많은 사상자를 발생시켰다. 하지만 독일군이 기대한 만큼의 결과로 이어지지는 못했다. 프랑스 방독면의 성능이 우수했고, 독가스의 가라앉는 성질 때문에 고지대 포병 진지에서 큰 효과를 얻지 못했다. 가장 큰 문제는 병력 부족이었다. 독일군은 병력이 모자라 충분한 공세를 펼 수 없었고 결국 공격에 실패하고 말았다.

독일군은 7월에도 공세를 이어 갔지만 베르됭 점령은 이미 불가능한 목표였다. 게다가 솜 전투가 시작되어 병력이 더 분산되었다. 독일군 개개인의 우수한 능력으로 몇 차례 중요한 전투에서 승리를 거두었지만 프랑스 요새와 진지를 점령할 정도는 아니었다. 이 무렵 독일군 병력 손실은 약 28만 명, 프랑스군 손실은 31만 명으로 목표한 프랑스군 소모도 달성하지 못했다.

7월부터 프랑스군의 반격이 시작되었다. 프랑스군은 400밀리미터 열차포(기차로 운반되는 대형 대포)로 독일군 진지를 초토화시켰다. 두오몽 요새와 보 요새가 차례로 프랑스군에게 다시 넘어갔다. 11월이 되면 사실상 베르됭 전투는 독일의 실패로 마무리된다.

10개월, 100만 명의 사상자

1916년 2월부터 11월까지 10개월간 이어진 베르됭 전투는 60~90만 명의 사상자를 발생시키고 엄청난 군수물자를 소모한 1차 세계대전의 대표적이고 전형적인 전투였다. 이 전투의 역사적 의미는, 19세기까지의 전통적인 전쟁과 전투 양식이 막을 내리고 20세기 현대전의 양식이 완전히 정착했다는 점이다. 이 기간 동안 유럽은 온갖 신무기를 동원하여 총력전, 소모전, 참호전을 치렀다. 베르됭 전투에 동원된 모든 것들이 현대전의 토대가 되어 무섭게 발전했다.

34년 뒤인 1940년 6월 독일군 기갑부대가 베르됭을 공격했다. 10개월간 100만의 사상자를 냈던 격전지 베르됭 요새 지대는 겨우 24시간 만에 독일에 점령당했다. 10개월과 24시간, 그 차이만큼 인류의 전쟁 기술이 발전한 것이다. 물론 인류의 자멸적 파괴력도 그만큼 비약적으로 커졌다.

24 필리프 페탱

프랑스를 구한 이단아

1차 세계대전에서 프랑스의 영웅은 베르됭 전투를 승리로 이끈 페탱이었다. 그는 이단아였고 독선적이었다. 그렇기에 창의적일 수 있었다.

농부의 아들로 태어나 가톨릭 사제인 형을 둔 페탱은 진보적인 프랑스 3공화국의 분위기에서 아주 이질적 존재였다. 성격은 느긋하면서도 보수적이고 공격적이었다. 그는 대의제 정치에 적대적이어서 군 인사나 정책 결정의 중요한 결정권자인 하원의원들과 자주 충돌했다. 또한 가톨릭 신자로서 무신론자인 좌파들과는 절대 상종하지 않았다. 푸앵카레 대통령을 향해서도 무능하다고 거침없이 비판해서 어느 하원의원이 '개자식'이라고 욕할 정도였다. 군 경력을 쌓는 데 여러모로 약점이 아주 많았다.

진급은 느렸고 장군이 될 가망도 없어 보였다. 그러니 더욱 사회적일 필요가 없어서 사진도 찍지 않았고 사생활도 거리낌이 없었다. 베르됭 전투에서 수세에 몰린 프랑스군이 페탱을 새로운 지휘관으로 임명하려 할 때, 그는 몰래 근무지를 빠져나와 어느 여관에서 여자와 잠을 자고 있었다. 그를 잘 아는 부관이 즉각 파리 시내를 뒤져 찾아내지 않았다면 프랑스의 운명이 바뀌었을지도 모를 일이다.

낙오자에서 병사들의 영웅으로

페탱이 이단아였던 결정적인 이유는 프랑스군의 기본 정신인 드 그랑메종, 즉 무조건 돌격하기에 비판적이었기 때문이다. 죽음을 두려워하지 않는 헌신과 희생을 최고의 가치로 신봉하여 용감함을 기도문처럼 외던 프랑스군에서 생명 존중과 신중함을 강조하는 그는 비겁하고 소심해 보였다. 게다가 그는 돌격 문화에서 가장 비겁하게 생각하는 화력전을 선호했다. 대포, 기관총 등 인간미라고는 눈꼽만큼도 없는 비정한 대량살상무기에 매료된 페탱은 군인으로서 자질 미달처럼 보였다.

1914년까지 페탱은 낙오자처럼 보였다. 대령에서 진급이 멈추었고 사실상 은퇴자였다. 그러나 1차 세계대전으로 극적인 전환을 맞이했다. 돌격이 아닌 방어를 강조했기에 누구보다 방어전투에 능했고, 방어를 잘 알기에 그것을 뚫기 위한 화력전에 밝았다. 마른 전투에서 효과적으로 방어선을 지켰고 비록 실패로 끝났지만 아르투아 전투에서 화력을 집중시켜 독일 방어선을 뚫기 일보직전까지 밀어붙였다. 병사들에게도 인기 만점이었다.

함부로 병력을 소모시키지 않고 최대한 목숨을 보전하는 전술을 사용했기 때문이다. 페탱 휘하라면 개죽음은 면할 수 있다는 믿음이 충만했다. 추종자들도 생겼는데 그중에는 청년 드골Charles De Gaulle(2차 세계대전에서 프랑스를 구하는 영웅)도 있었다.

베르됭 전투를 승리로 이끈 필리프 페탱.

그의 진급이 빨라졌다. 1914년 8월 개전 직후 준장으로 진급했고, 9월 14일 6사단장이 된 뒤 불과 한달 뒤인 10월 20일 33군단장으로 승진했다. 너무 승진이 빨라 계급장을 만들 시간이 없어 남의 것을 뜯어 붙일 정도였다. 그럼에도 오랫동안 낮은 지위에 머물렀던 이력 때문에 병사들과 잘 어울렸고 그들을 잘 이해했다. 후방으로 이동한 병사들의 숙영지를 포성이 들리는 곳에 두거나, 경례를 시키려고 배고픈 병사들을 일어나게 하는 현장 지휘관들은 페탱에게 혹독하게 당했다.

페탱은 왜 괴뢰정부를 선택했을까?

베르됭 전투로 영웅이 되고 마침내 프랑스군 참모총장이 되었지만, 1차 세계대전이 끝난 뒤 페탱은 또다시 시대와 불화를 겪었다. 평화의 시대를 맞아 군축을 하려는 정치인들과 충돌했고, 1차 세계대전의 신무기들을 전쟁에 이용하려는 새로운 발상을 내놓았다가 기존 전술을 고수하는 보수적 장군들과 충돌했다. 그래도 유명한 프랑스의 대對독일 방어선인 마지노선Maginot Line 구축 등 중대한 국방정책을 수립하는 데 중요한 역할을 했다.

그는 충분한 전쟁 준비만이 승리를 보장한다고 믿었지만, 그것은 군인의 몫이지 국가의 몫은 아니었다. 국가가 항상 전쟁만 염두에 두고 운영될 수는 없었다. 이 때문에 페탱은 정치와 거리를 두었지만 가끔은 분통이 터져 정치에 참가하려 하기도 했다. 그러나 정치에 어울리는 사람이 아니어서 그의 엉뚱한 시도는 실패의 반복이었다.

2차 세계대전이 발발하고 1940년 5월 마지노선이 붕괴되었다. 영국·프랑스 연합군은 덩케르크에서 치욕의 후퇴를 감행했다. 프랑스 정부는 피난을 가고 드골은 영국에 망명정부를 세웠다. 당시 84세의 고령인 페탱은 국민의 목숨을 수단으로 생각하는 무모한 저항의 선동에 비판적이었다. 그는 히틀러와 휴전하여 프랑스 국민들의 생명을 구해야 한다고 생각했다. 그의 추종자였던 세리니Bernard Serrigny는 페탱에게 이렇게 말했다고 한다.

"장군은 프랑스인에 대해서는 너무 많이 생각하고 프랑스에 대해서는 충분히 생각하지 않으시는군요."

결국 페탱은 1940년 6월 22일 히틀러와 휴전협정을 체결하

제2차 세계대전 당시 리옹의 한 건물에 내걸린 플래카드. 독일군의 점령이 시작되고 비시 프랑스가 시작되던 1940년 11월 페탱이 리옹을 방문하였을 때 그를 환영하는 글귀가 전시되었다.

고 프랑스 남부 비시에 행정부를 둔 비시 프랑스 정부의 수반이 되었다. 비시 정부는 프랑스인의 생명을 구하기 위해 많은 노력을 했지만 본질적으로 히틀러의 괴뢰정권이었다. 1945년 독일이 패망하자 페탱은 전범으로 체포되어 전범재판에 회부되었다. 그는 법정에서 다음과 같이 자신을 변호했다.

> 나는 조국이 부르면 언제나 응했다. 프랑스는 역사상 가장 비극적일 때 나에게 의존했다. 조국이 내게 와 달라고 간청했다. 나는 응했다. 나는 내게 아무런 책임도 없는 재난을 물

려받았다. … 그대들이 내게 유죄를 선고하려거든, 그것이 마지막 선고이게 하라.

페탱은 종신형을 선고받았다. 1856년생으로 아흔에 가까운 나이였다. 그는 프랑스 서부 낭트 근처의 일디외섬에 끌려가 죽을 때까지 갇혀 있다가 1951년 사망했다.

1차 세계대전의 영웅이자 2차 세계대전의 전범, 프랑스를 구원한 영웅이자 반역자, 페탱만큼 극단적인 삶을 산 인물도 드물 것이다. 그는 항상 일관된 삶을 살았는데도 말이다.

25
탱크

육상 전투의 왕

1905년 빈 자동차 쇼에 독특한 모양의 자동차가 등장했다. 다임러 자동차 위에 장갑裝甲을 올려놓은 차였다. 어떻게 하면 총알로부터 병사를 보호할 수 있을지 한창 고민하던 때 등장한 이 차는 많은 이들의 관심을 끌었다. 오늘날의 '탱크' 형태가 최초로 모습을 드러낸 사건이었다.

다임러에서 만든 장갑 전투차량(1906).

탱크는 총과 대포가 발달한 19세기 후반부터 고안된 장갑차량에서 시작되었다. 너무나도 강력한 화력에 병사와 보급 부대원들이 대량 학살당하는 것을 막기 위한 장치가 필요했다. 이 보호 장치는 총알과 폭탄 파편으로부터 병사들을 보호하고 전선까지 안전하게 이동시켜 줄 수 있어야 했다. 석탄을 사용하는 증기기관보다 석유를 사용하는 내연기관이 발달하면서 그 고민은 차량 위에 강철 장갑을 두르는 것으로 발달했고, 그것이 1905년 시연된 초기 모델이었다. 그러나 네 바퀴 자동차는 포장도로에서만 유용할 뿐 비포장도로나 들판에서는 취약했다. 이에 무한궤도를 장착하여 어디든 달릴 수 있도록 개량하고, 상부에 회전 포탑을 달아 대포를 쏘거나 기관총을 쏘도록 공격 능력도 추가했다. 이로써 우리가 아는 탱크가 만들어졌다.

프랑스의 'CA-1', 영국의 '마더'

탱크의 선구자는 오스트리아의 군터 버스틴Gunther Burstyn으로 알려져 있지만 정작 탱크는 독일이나 오스트리아에서 환영받지 못했다. 아니, 1차 세계대전 이전까지 탱크는 어느 군대에서도 환영받지 못했다. 탱크는 느리고 방어적이어서 용감한 돌격을 숭배하는 군대와 어울리지 않았다. 그러나 참호전이 전개되면서 난국을 돌파하기 위해 탱크에 대한 관심이 다시 높아졌다. 1차 세계대전이 요구하는 탱크를 최초로 개발한 나라는 프랑스였다.

프랑스의 탱크는 오늘날 자주포에 해당하는 것이었다. 당시 대포는 말이나 사람이 끌었는데 포격으로 땅이 울퉁불퉁해지고 곳곳에 참호가 들어서면서 도저히 원하는 위치에 기동력 있게 대포를 끌고 갈 수 없게 되었다. 이에 대포를 운송할 무한궤

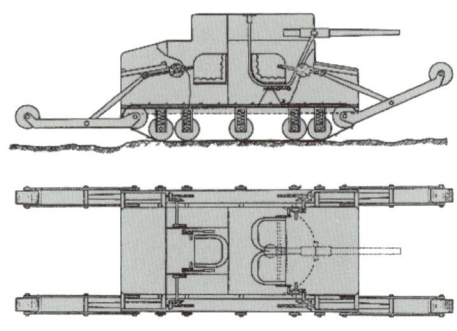

탱크의 선구자로 일컬어지는 군터 버스틴(왼쪽)과 그가 디자인한 탱크 설계도(오른쪽).

도 차량이 필요해졌고, 이것이 탱크의 또 하나의 모티브가 되었다. 하지만 프랑스의 에스티엔느가 만든 최초의 탱크 CA-1은 대포의 무게를 감당하지 못해서 결국 기관총을 장착하고 철조망을 돌파하는 용도로 제작되었다. CA-1은 인기가 좋아서 프랑스군은 400대를 주문하였다.

영국도 탱크 제작에 돌입했다. 영국은 기동력을 강조하는 프랑스와 달리 무게를 강조하여 대포를 장착할 수 있는 장갑차량을 원했다. 그래서 마치 물탱크 같은 육중한 몸체의 시제품이 제작되었다. 이를 '리틀 윌리'라고 불렀고 암호명은 탱크였다(탱크라는 이름이 여기서 유래했다). 마침내 실전에서 사용할 수 있는 실전용 탱크 '마더'가 나왔다. 마더는 기관총 2문을 장착한 여성 탱크와 대포 1문을 장착한 남성 탱크, 두 종류가 있었

파괴된 프랑스 탱크 CA-1. 주로 철조망을 돌파하는 용도로 사용되었다.

다. 마더는 시속 8킬로미터로 사람이 걷는 수준의 속도였지만 육중한 무게로 참호를 깔아뭉개고 대포와 기관총으로 상대를 박살 냈다.

탱크 데뷔전, 솜 전투

1916년 7~8월 프랑스 북부 파리에서 약 90킬로미터 떨어진 솜에서 독일군 방어선을 향한 영국-프랑스 연합군의 대규모 공격이 이루어졌다. 솜 전투는 원래 프랑스-영국 연합군의 독일군 공격 계획으로 입안되었는데, 베르됭의 독일군 공격을 분산시키기 위해 예정일보다 한 달 일찍 개시되었다. 영국군이 주도한 이 전투에서 첫날 사상자가 5만 8천여 명이나 나오면서 소모전의 대명사가 되어 버렸다.

영국 탱크 마더의 남성 탱크 초기 모델.

　영국은 75만 대군을 동원해 독일군을 공격했지만 두 달 동안 별다른 성과를 얻지 못하자 마침내 9월 15일 탱크 50대를 투입했다. 이것이 탱크의 데뷔전이다. 탱크를 본 독일군은 경악했다. 거대한 강철 몸통의 물체가 대포와 기관총을 쏘며 천천히 다가와 닥치는 대로 짓밟고 뭉개는 모습은 악몽이었다. 독일군 참호선이 일시적으로 몇 군데 뚫렸고 영국군은 약간의 성과를 거두었다. 탱크의 시대가 열린 것이다.
　하지만 마더는 결함이 많았다. 너무 느려서 독일군 대포의 좋은 타깃이 되었고, 내부 기계 결함도 심각해서 첫날 멀쩡하게 돌아온 것은 겨우 10대뿐이었다. 탱크끼리 통신도 불가능했고 외부와의 연락도 어려워 연락용 비둘기를 싣고 다녔다. 가장 치명적인 약점은 내연기관에서 뿜어 나오는 매연이 탱크 안으로 들어와 병사들을 질식시키는 것이었다. (비둘기는 질식 위험 경고용이기도 했다. 매연 문제는 1차 세계대전이 끝날 때까지 해결되지 못했다.)

독일군은 여전히 탱크에 회의적이었다. 그들은 탱크 개발에 소극적이었고, 탱크를 만들기보다 영국군 탱크를 빼앗아서 사용하는 경우도 많았다. 30년 뒤 2차 세계대전에서 독일군이 최강의 기갑부대로 유럽 전선을 휩쓴 것과는 완전히 상반되는 상황이었다. 한편 연합군은 탱크 개량에 많은 투자를 했다. 프랑스는 경량화된 탱크를 개발했고, 미국은 프랑스 르노사와 제휴하여 좀 더 현대적인 모습의 탱크를 제작하였다.

최악의 대량살상무기

1917년 11월 파리에서 150킬로미터 정도 떨어진 캉브레에서 영국군 탱크 부대가 독일군을 향해 진격했다. 이 전투는 탱크 부대와 다른 부대의 연락 문제로 소기의 성과를 거두지 못했지만, 탱크 부대가 독일군 방어선을 돌파해 단숨에 10킬로미터를 전진함으로써 탱크의 시대가 도래했음을 보여 주었다. 독일군은 우수한 성능의 대포를 앞세워 느리게 전진하는 탱크를 파괴하며 방어선을 지켰지만, 1918년 11월 결국 항복하고 말았다.

1차 세계대전의 탱크는 결함이 많은 무기였다. 대포의 밥이었고 기술력이 성능을 뒷받침하지 못했으며 탱크를 활용한 전술은 유아 수준이었다. 이 때문에 1차 세계대전이 끝난 후 군사 전략가들은 탱크의 효용가치를 놓고 격렬한 논쟁을 벌이기도 했다. 그러나 탱크는 1916년부터 2022년 러시아-우크라이나 전쟁에 이르기까지 육상 전투의 왕좌를 내놓지 않았으며 성능과 전술도 나날이 발달하고 있다. 탱크야말로 인간이 만들어낸 최악의 대량살상무기였던 것이다.

26 조지 패튼

탱크전의 대명사

1917년 11월 캉브레에서 영국군이 탱크 공격을 진행하고 있을 때, 미군 장교 조지 패튼George Smith Patton Jr. 대위는 전투 상황에 대해 진지한 보고를 받고 있었다. 1885년생으로 당시 32세였던 패튼은 육군사관학교를 졸업하고 임관하여 군인의 길을 걸었다. 특히 기병대의 전술에 매료되어 있었던 그는 미국의 멕시코 내전 개입에 투입되는 등 실전 경험을 쌓아 왔다. 1차 세계대전에 미군이 참전하게 되자 선발대로 프랑스로 건너간 패튼은 새로운 철마의 등장에 점점 매료되었다.

미군은 당시 프랑스 르노사가 개발한 신무기인 경전차에 큰 관심을 보였다. 패튼은 경전차 학교 설립에 참여하여 경전차를 직접 운전하고 작동시켜 보았다. 르노 공장에 가서 제조 과정과 기능을 면밀히 관찰하였으며, 마침내 르노 경전차 10대가 납품되자 이를 직접 몰아 부대에 배치하고 부대원을 훈련시켰다.

1918년 8월 제1임시전차여단(304전차여단) 여단장에 임명된 패튼은 생미이엘 전투에서 탱크 부대를 지휘하면서 대범함과 용감함으로 병사들에게 깊은 인상을 남겼고, 이것이 그의 대표 이미지가 되었다. 그러나 9월 26일 뫼즈-아르곤 공세 도중 부상을 입으면서 1차 세계대전에서의 활약을 마감했다.

독일의 탱크 개발 이끈 구데리안

1차 세계대전이 끝난 뒤 현대전의 파괴력에 경악한 많은 이들이 전통적인 전쟁 양식으로 돌아가기를 원했고 신무기를 금지하고자 했다. 전쟁이 끝나고 실제로 많은 탱크가 해체되었다. 평화를 위해서는 그것이 바람직했을지도 모른다.

그러나 인간의 탐욕은 끝이 없고 전쟁의 위기는 여전히 존재했다. 신무기를 개발한 사람들은 신무기를 더욱 발전시켜 다가올 전쟁에 대비해야 한다고 주장했다. 인류의 영원한 모순적 논리, 즉 무기는 전쟁의 수단이자 전쟁을 막는 수단이라는 주장이 1920년대부터 유럽에서 평화를 지키려는 노력과 함께 맹위를 떨쳤다.

전쟁에서 탱크의 중요성을 강조했던 하인츠 구데리안. 2차 세계대전 당시 폴란드 및 프랑스 침공 때 전차부대 지휘관으로 전공을 올렸다.

1차 세계대전 이후 독일군 참모부 장교였던 구데리안Heinz Wilhelm Guderian은 전쟁은 필연적이며 이

1939년 2차 세계대전 때 판저1 탱크를 타고 폴란드로 진격하는 독일의 기갑군.

를 대비하려면 탱크가 필요하다고 역설했다. 하지만 독일은 패전국으로서 탱크를 만들 수 없었기 때문에, 러시아혁명을 무산시키기 위한 서방의 간섭에 시달리던 소련과 손을 잡고 비밀리에 탱크를 개발했다. 그렇게 해서 세상에 등장한 탱크가 '판저1'이다. 소련 역시 이를 토대로 그들만의 탱크를 개발하여 2차 세계대전에서 맹활약한 T시리즈를 만들어 냈다. 미국은 빠르고 편리하며 위력적인 탱크를 개발했다. 2차 세계대전에서 활약한 미국 탱크 'M4 셔먼'은 포드사 등이 제작했는데, 운전이 편리한 차체 위에 다양한 기능의 포탑을 얹을 수 있었다.

2차 세계대전이 발발하면서 미국과 유럽 각국이 개발한 탱크들이 육지에서 자웅을 겨루었다. 과연 육중하고 고성능인 독일 탱크인가, 가볍고 실용적인 미국 탱크인가?

2차 세계대전에서 빛난 패튼의 진가

1차 세계대전이 끝난 뒤 패튼은 탱크와 장갑차 등을 중심으로 하는 독립적인 기갑 전투를 연구했지만 환영받지 못했다. 그의 야심 찬 프로젝트는 번번이 예산 심사의 고비를 넘지 못했고, 지원 부족과 무관심으로 빛을 보지 못했다. 전쟁광이었던 패튼은 평화의 시대에 주목받기 어려웠다. 결국 그는 탱크 부대를 포기하고 기병대 지휘관으로 자리를 옮겼다. 1918년부터 1939년까지 20년 동안 그의 생애는 지루하고 단조로웠다. 바람을 피우다 가정의 위기를 맞거나, 중병에 걸려 건강의 소중함을 느끼고, 인정받지 못하는 무료한 삶을 비관해 과음을 하는 등 평범한 중년 직장인의 전형적인 삶을 이어 갔다. 장군으로 승진하지도 못해 대령으로 군 생활을 끝낼지도 모르는 상황이었다. 어찌 보면 1차 세계대전 직전 페탱과 비슷했다. 다만 아이젠하워나 맥아더 같은 미래의 중요한 지휘관들과 관계를 맺게 된 것이 그의 장래에 중요한 복선이 되었다.

 1939년 2차 세계대전이 터지고 독일 기갑군단의 위력이 전 세계를 공포에 몰아넣었다. 미군은 기갑부대를 강화시키기 위한 노력을 시작했고, 패튼이 중용되었다. 그는 기갑여단 사령관이 되었고 준장으로 진급하여 마침내 꿈에 그리던 별을 달았다. 2차 세계대전의 영웅 맥아더 장군이 38세, 아이젠하워 장군이 51세에 별을 달았는데, 패튼은 55세에 겨우 달았으니 많이 늦은 셈이다.

오랫동안 기갑 전투를 연구한 패튼은 금방 두각을 나타냈고, 곧 기갑사단장으로 승진했다. 그의 전매특허인 빠른 속도전은 언론의 주목을 받기에 충분했다. 미군이 참전하는 순간 패튼의 중용은 필연적이었다.

속도전으로 미군의 기갑 전투를 이끌었던 조지 패튼.

평화에는 어울리지 않았던 파괴적 인물

패튼은 독일의 구데리안처럼 일찍부터 탱크의 파괴력에 주목하고 전술을 연구했다. 2차 세계대전 탱크 전투의 영웅인 독일의 롬멜Erwin Rommel이나 영국의 몽고메리Bernard Law Montgomery가 보병부대 지휘관에서 탱크부대 지휘관으로 자리를 옮긴 데 비해, 패튼은 일찍부터 준비해 왔기 때문에 2차 세계대전의 주요 고비마다 전투를 승리를 이끌었고 탱크전의 대명사가 될 수 있었다.

그러나 탱크의 파괴력만큼이나 패튼도 파괴적 인물이었다. 병사 학대 문제로 여러 차례 징계를 받았고, 지휘부의 명령에 불복하고 독단적으로 전투를 수행하여 크게 질책을 받기도 했다. 결국 연합국의 일원인 소련을 맹비난하고 심지어 '나치는 정치적 문제지만 소련은 진정한 위협'이라는 극단적 발언을 해서 3군사령관에서 해임되고 사무보조 등의 역할을 하는 15군사령관으로 좌천당했다. 패튼은 2차 세계대전 종전 직후 자동차 사고로 죽었다. 그의 삶은 탱크만큼이나 파괴적이었고, 그래서 전쟁에는 어울렸지만 평화에는 어울리지 않는 인물이었다. 어쩌면 탱크도 그와 같은 운명일지 모른다.

27 전투기

공중전의 낭만

오래전부터 인간은 날개를 달고 하늘을 나는 꿈을 꾸었다. 그리스신화의 이카루스는 밀랍으로 새의 깃털을 붙여 날개를 만들어 날다가 태양에 너무 가까이 다가가는 바람에 밀랍이 녹아 추락하고 말았다. 새인간(鳥人)의 추락은 동아시아 신화에서도 주요 모티브이다. 중국 신화에 따르면 천제(天帝)의 아들 10명이 다리가 셋 달린 황금새로서 태양의 역할을 했는데, 이들이 한꺼번에 날아올라 세상이 불타자 신예(神羿)가 9마리를 쏘아 죽여 태양이 하나가 되었다. 한국 전통 신화에서는 옛날에 해가 둘 달이 둘이었는데 하늘의 왕인 천지왕이 아들 대별왕과 소별왕을 시켜 화살을 쏘아 해 하나와 달 하나를 떨어뜨려 지금의 해와 달을 만들었다고 한다.

하늘을 나는 것은 곧 신격을 의미했고 신격에 대한 도전은 항상 비참한 결과를 낳는다는 것이 동서양을 막론한 신화의 기본 모티브였다. 그럼에도 인간은 하늘을 날고 싶었고 날개를 발명하려 했다. 레오나르도 다빈치의 비행기 설계는 그 구체적 사례이다.

하늘을 나는 것은 곧 높은 곳에서 낮은 곳을 내려다보는 지배의 힘을 의미했다. 이는 힘과 힘의 대결인 전쟁에서 바로 응용되었다. 나폴레옹은 유럽 정복 전쟁에서 기구를 띄워 적진을 정찰하거나 심지어 폭탄을 떨어뜨리기도 했다. 공중 전투는 하늘을 날고자 하는 욕망에 항상 따라 붙는 질긴 카르마였다.

체펠린, 정찰 임무를 맡다

20세기 초 독일의 체펠린Zeppelin이 자신의 이름을 따서 기구를 개량한 비행선을 만들었다. 거대한 기구를 하늘에 띄우고 프로펠러로 방향을 조절하며 날아가는 형태로, 길이 150미터 내외의 크기에 승무원 15명과 승객 20명, 혹은 10~20톤의 화물을 싣고 시속 70킬로미터로 날 수 있었다. 체펠린 비행선은 1900년부터 시제품이 출시되었으며 1906년 LZ3 모델부터 상용화되어 여객용이나 군용으로 사용되었고, 1차 세계대전에서 공중 정찰이나 폭격 등의 임무를 맡아 맹활약하였다.*

---

* 1970년대 최고의 록밴드인 영국의 레드 제플린Led Zeppelin의 이름은 바로 체펠린 비행선에서 따온 것이다. 20세기 최고의 명곡 중 하나로 꼽히는 〈Stairway To Heaven〉 등을 발표한 레드 제플린의 데뷔 앨범 'Led Zeppelin'(1969)의 커버는 폭발 사고로 불타는 체펠린 비행선 사진을 사용하였다.

체펠린 비행선. 1916년 베르됭 전투에서 파괴되기 전 찍은 사진이다.

현대의 비행기는 1903년 라이트 형제가 만든 모델에서 시작되었다. 1906년에는 브라질 출신의 산토스뒤몽Alberto Santos-Dumont이 이륙을 돕는 사출기射出機 없이 자체적으로 이륙할 수 있는 비행기를 개발했고, 1908년에는 블레리오Louis Blériot가 우리가 알고 있는 기본 형태의 비행기를 개발해서 32킬로미터 거리의 도버해협 횡단에 성공했다. 이후에도 꾸준히 성능이 개선되었는데, 불행히도 초기 비행기는 무기로서 더 주목을 받았다. 비행기는 이미 1909~1910년부터 군용으로 개발되었고, 1차 세계대전이 일어나자 최초의 비행 이후 겨우 10여 년 만에 전투기 개념으로 재등장하였다.

정찰선에서 전투기로

1차 세계대전 초창기에는 비행기가 정찰용으로 사용되었고 무기는 탑재되지 않았다. 그래서 최초의 공중 전투는 약간 우스꽝스러웠다. 1914년 8월 22일 영국군 기지 상공에서 독일군 비행기가 정찰을 위해 선회하자 영국군 비행사가 경기관총을 싣고 이륙하여 쏜 것이 최초의 전투였다. 초기 공중전은 이처럼 조종사가 비행기를 몰며 상대 비행기에 총을 쏘는, 마치《삼국지》에 나오는 장수들의 마상 활쏘기 시합 같은 것이었다. 그러다 비행선의 활약 등으로 전쟁에서 제공권의 중요성이 점차 커지자, 비행기의 전투기 개조가 급진전하였다. 날개에 기관총을 설치하고 조종사가 조작하여 사격함으로써 상대 비행기나 비행선을 격추하는 공중전이 본격적으로 시작된 것이다.

 1차 세계대전이 일어났을 때 프랑스와 독일은 각각 150여 대의 비행기를 보유하고 있었다. 독일은 비행기보다 비행선에 더 주목했기 때문에 성능 개선은 프랑스 쪽에서 더 적극적으로 이루어졌다. 그러나 잦은 고장과 결함으로 많은 이들이 전투가 아닌 고장과 오발 사고로 죽었다.

전설로 남은 조종사들의 1대1 결투

그럼에도 전투기와 공중전은 사람들에게 낭만적으로 비춰졌다.• 전투기에서는 지상에서 벌어지는 처참한 참호전의 실상이

• 1차 세계대전 당시 전투기 조종사와 공중전에 대한 정서를 가장 탁월하게 묘사한 영화는 미야자키 하야오 감독의 애니메이션 〈붉은 돼지〉(1992)이다. 미야자키 감독

1차 세계대전에서 활약한 독일군 비행기.

자세히 보이지 않았고, 비행사는 홀로 적 전투기와 1대1의 싸움을 벌여야 했다. 그들은 마치 지상의 현대사회에서 홀로 떨어져 나와 공중 저 너머 세상에서 중세 기사처럼 결투를 벌이는 듯 보였다. 조종사들이 죽으면 그들만의 천국으로 간다는 전설은, 이승에서 용감히 싸운 이들이 죽어서 그들만의 천국 발할라로 간다는 북유럽 신화를 연상케 했다.

조종사들은 군인 같지 않았다. 개인주의적이고 군율을 따르지 않았으며 충동적이었다. 독일의 한 조종사는 프랑스군 비행

은 어릴 때부터 비행을 동경했고 특히 초기 공중전의 낭만을 좋아해서 이를 종종 작품에 반영했는데, 이 때문에 군국주의 찬양이라는 비판을 받곤 했다.

장을 공격하다가 장갑 한 짝을 떨어뜨리자 다음 날 다시 출격하여 나머지 장갑 한 짝과 잘 쓰기 바란다는 쪽지를 떨어뜨리고 갔다. 독일 공군의 에이스 뵐케Oswald Boelcke가 죽자, 영국군 조종사들은 위험을 무릅쓰고 독일군 기지로 날아가 화환을 던졌다. 독일 전투기 조종사 우데트Ernst Udet와 프랑스 전투기 조종사 기네메르Georges Guynemer가 1대1 공중 전투를 벌였는데, 우데트의 기관총이 고장나자 기네메르가 공격하는 대신 손을 흔들고 가 버린 일은 전설 중 전설이다.

그러나 공중전의 낭만도 전쟁의 격렬함 속에서 조종사들의 죽음과 함께 사라져 갔다. 편대 비행과 다양한 합동 공격 전술이 사용되었다. 폰 리히트호펜Manfred von Richthofen 남작, 장 나바르, 뵐케 같은 전설의 이름들은 더 이상 역사에 등장하지 않고 수많은 전투와 낙엽처럼 떨어진 전투기 대수만이 역사의 페이지를 장식했다. 이제 하늘도 전쟁의 무풍지대가 아니었다.

28 헤르만 괴링

독일 공군의 '에이스'

괴링은 1차 세계대전에서 활약한 독일 공군의 에이스 중 한 명이었다. 22대의 적기를 격추하여 여러 무공훈장을 탔으며 리히트호펜 남작이 전사한 후 그의 비행대대 지휘관으로 임명되었다. 명문가의 아들로서 사교적이고 총명했으며 미남이었던 괴링은 에이스 조종사로서 자부심이 넘쳤고, 국민과 부하들의 사랑을 받았다. 1차 세계대전이 끝나고 독일이 항복하자 그는 격분하여 부하들에게 비행기를 몰고 독일에 불시착시켜 파괴하라고 명령했다. 자신들의 애기愛機를 적에게 넘겨 줄 수 없었던 것이다.

그는 독일이 전쟁에서 진 이유가 후방의 좌파와 유대인 등 배신자들 때문이라고 생각했다. 게다가 전쟁이 끝난 뒤 그는 더 이상 영웅이 아니었고 오히려 좌파들의 공격 대상이 되었다. 길거리에서 훈장을 빼앗으려는 좌파 폭력배들에게 수모를 당한 그는 독일을 떠나 스웨덴 등에서 민간 비행사로 일하며 경험을 쌓았다.

히틀러와의 운명적 만남

1921년 정치학을 공부하기 위해 귀국한 괴링은 뮌헨에서 히틀러를 만났다. 히틀러는 꼬마 정당인 나치를 위해 괴링의 명성이 필요했고, 괴링은 나치에서 미래의 가능성을 보았다. 기성 정당보다는 장차 이 당을 키워 자신이 권력의 중심이 될 수 있을 것이라는 야망을 품었다. 괴링은 나치 돌격대 지휘관이 되었고 효과적으로 우익 선동과 테러를 조직했다. 그는 순식간에 1만여 명 이상의 돌격대원을 조직해 당의 중심에 섰다.

하지만 또다시 시련이 닥쳤다. 1923년 나치가 권력을 잡으려고 일으킨 맥주홀 쿠데타가 실패로 돌아가고, 괴링은 허벅지에 총을 맞았다. 그는 체포를 피해 오스트리아로 급히 달아나는 바람에 제대로 치료를 받지 못해 심한 통증에 시달렸으며, 이때 모르핀을 과다 사용하여 중독자가 되었다. 1926년까지 괴링은 무일푼의 중독자로 낙오자처럼 보였다.

1927년 정치범 사면령이 내려지자 귀국한 괴링은 쿠데타 실패를 극복하고 재기에 성공한 히틀러에게 중요한 역할을 부여받았다. 히틀러와 그 주변 사람들은 아웃사이더들이었기 때문에 권력의 중심으로 향하기 위해서는 괴링의 사교성과 인맥이 필요했다. 괴링은 히틀러와 주변 우익 정치세력들의 연결 고리이자 당의 간판 역할을 수행하며, 나치가 폭력적인 우익 집단

루프트한자 비행선 앞에 선 파일럿 괴링(1929년 촬영). 괴링은 독일 공군의 에이스 조종사였다.

이 아닌 합법적인 수권 정당으로 발전하는 데 크게 공헌하였다. 1932년 나치가 총선에서 승리하자 괴링은 국회의장에 선출되었다.

이후 나치가 권력을 잡고 히틀러가 독재자로 독일을 통치하면서 괴링은 쟁쟁한 측근들과 경쟁하였다. 선전의 괴벨스Paul Joseph Goebbels, 친위대의 힘러Heinrich Himmle, 경제와 건설의 슈페어Albert Speer 등이 나치 독일의 운명을 놓고 머리를 맞대고 경쟁하거나 협력했다.

2차 세계대전에서의 실패

1차 세계대전에서 패한 뒤 독일은 공군 보유가 금지되었다. 따라서 나치가 공군을 보유하려면 외교적 감각과 공군에 대한 지식이 풍부한 사람이 필요했고, 괴링이 적임자였다. 그는 1933년 히틀러가 대통령이 되었을 때 항공교통부 장관을 맡아 은밀히 공군을 양성하였고, 1935년 그가 항공부장관에 임명되면서 독일 공군은 공식적으로 그 위용을 드러냈다.

1939년 9월 1일 나치 독일이 폴란드를 침공하면서 2차 세계대전이 일어났을 때 독일 공군은 육군의 보조적 역할을 맡고 있었다. 히틀러의 주된 전술은 전격전으로 기갑부대가 지상에서 밀고 올라가는 동안 공중에서 지원 공격을 하는 것이었다. 이때 맹활약한 것이 급강하폭격기 슈투카(JU-87)였다. 슈투카는 사이렌을 울리며 공중에서 지상으로 거의 수직으로 낙하하면서 목표 지점에 폭탄을 투하했다. 공기를 가르는 소리와 사이렌 소리가 섞인 비명 같은 굉음과 함께 정확하게 머리 위에 떨어지는 폭탄은 연합군에게 공포의 대상이었다. 슈투카는 전쟁 기간 동안 총 6,500대가 생산되어 독일의 주력 공격기로 사용되었다.

히틀러가 전격전으로 서부의 프랑스를 순식간에 초토화시키고 파리를 점령하면서 2차 세계대전의 1라운드가 끝나고 2라운드가 열렸다. 2라운드의 핵심은 영국과의 휴전과 소련 침공, 즉 서부전선에서의 전쟁 마무리와 동부전선에서의 새로운 전쟁이었다. 그러나 영국 수상 처칠이 휴전을 거부하면서 히틀러는 고민에 빠졌다. 영국해협을 건너 상륙작전을 하는 것은 너

독일 공군의 주력 공격기였던 슈투카(위)와 매서슈미트(아래).

무 어려운 일이었다.

괴링은 공군이 전쟁의 주요 역할을 맡아야 한다고 생각했다. 그는 폭격기가 해협을 건너 영국의 주요 전략 거점을 파괴하면 영국도 휴전에 응할 것이라고 주장했고, 히틀러는 이를 수용했다. 1940년 7월부터 10월 말까지 넉 달 동안 영국 본토 항공전이 벌어졌다. 연합군과 독일 공군 양측이 총 4천 대 이상의 공군기를 투입했고, 제공권 장악을 위해 독일의 정예 전투기 메서슈미트(BF-109)와 영국의 스피트파이어, 호커 허리케인이 연일 격돌했다. 양측 모두 1천 대 이상의 전투기를 잃을 정도로 격렬한 전투가 이어졌는데 결국 영국이 승리했다.

괴링의 위상은 다시 축소되었다. 2차 세계대전 동안 괴벨스나 힘러에 밀리는 듯 보였는데, 그 덕에 홀로코스트로부터 한 발 비켜날 수 있었다. 괴링에 대한 히틀러의 신임, 히틀러에 대한 괴링의 충성도 여전했다. 괴링은 자신이 히틀러의 유일한 후계자라고 생각했으며, 항복협상을 맡을 사람도 자신이 적임자라고 믿었다. 1945년 4월 30일 히틀러가 자살하자 독일 대표로 항복협상을 시도했지만 체포되어 전범재판에 회부되었다. 그는 특유의 외교적 태도와 친화적 언행으로 자신을 변호했고 언론의 주목을 받았으나 사형선고를 면치 못했다. 군인으로서 총살을 원했던 괴링은 교수형이 선고되자 집행 전날 음독자살했다.

고도화되는 공중전의 그늘

괴링은 공군 에이스였고, 공군의 가능성에 주목한 전쟁 기술의 선각자였다. 공중 화력전을 통해 적을 무력화시켜 육군의 피해를 최소화하고 병사들의 생명을 구한다는 구상은 2002년 이라크전쟁에서 현실화되었다. 기술이 뒷받침되어 독일 공군이 좀 더 파괴적이었다면 영국은 괴링의 공군에 항복했을지 모르고, 세계 역사도 어떻게 흘러갔을지 알 수 없다.

괴링은 공군의 낭만을 대변하는 인물이었다. 철저하게 자기 신념대로 움직였고 지상의 것을 우습게 여겼으며 하늘의 전쟁이 모든 전쟁을 지배하리라 믿었다. 하지만 이러한 공군의 낭만이야말로 우리에게 전쟁의 교훈을 되새기게 하는 것일지도 모른다. 현대전은 점점 보지 않고 겪지 않고 상대를 파괴하는 전쟁으로 나아가고 있다. 21세기 현대전은 대부분 공중폭격으로 상대를 파괴하며, 그것도 수천 킬로미터 떨어진 곳에서 원격조종하는 드론이 수행한다. 보지 않고 느끼지 않는 전쟁만큼 더 잔인하고 끔찍한 전쟁이 있을까? 괴링의 낭만이 실현되고 있는 오늘날 중동의 현실에서 우리는 지독한 역설을 체험하고 있다.

29 전함

군비경쟁의 최전선

1차 세계대전은 모든 신형 무기들의 경연장이었다. 탱크, 전투기, 독가스, 유보트 등…. 상대적으로 전함은 덜 주목받았다. 1차 세계대전이 바다의 전쟁이 아니라 육지의 전쟁, 특히 유럽 내륙에서 대부분 치러졌기 때문이다. 그러나 전함 역시 산업혁명 이후 기술 발전의 산물로서 이후 2차 세계대전에 많은 영향을 끼쳤다는 점에서, 1차 세계대전에 사용된 전함과 주요 해전을 살펴볼 필요가 있다.

장갑함의 등장, 더 크게 더 무겁게

19세기 중엽까지 전함은 모두 나무배였다. 돛을 활용한 바람을 주요 동력으로 하였고 수십 문의 대포를 장착하였다. 그러나 제국주의 시대로 접어들어 식민지 쟁탈전이 치열해지고 본토와 식민지를 연결하는 바닷길을 지키는 것이 중요해지면서 산업혁명의 성과를 토대로 철갑선, 즉 장갑함을 만들기 시작했다.

최초의 장갑함 프랑스의 글루아르호(위)와 영국의 HMS 워리어호(아래).

    최초의 장갑함은 1859년 프랑스에서 만든 '글루아르Gloire호'였다. 두꺼운 철판을 둘러 포탄을 튕겨 내고 그 안쪽에 나무를 대어서 충격을 흡수하는 구조로 배수량 5,600톤이었다. 영국도 1860년과 1861년에 장갑함을 만들었는데 'HMS 워리어호'가 대표적이다(HMS는 His/Her Majesty's Ship의 약자로 국왕에게 충성하는 영국 해군을 의미한다). 이 배는 배수량이 9천 톤이 넘고

14노트의 속력으로 기동할 수 있었다.

군함이 무거워지고 커진 것은 함포의 반동을 견디기 위해서이다. 배가 약하면 함포를 발사할 때 그 반동의 충격으로 갑판이 뚫리거나 배가 기울어져 침몰할 수 있다. 따라서 배가 크고 튼튼할수록 더 큰 함포를 장착할 수 있고, 더 큰 함포는 더 멀리 더 큰 폭탄을 쏠 수 있으므로 적 군함을 쉽게 격침할 수 있다.

1905년 러일전쟁의 최후 전투였던 동해해전은 함대 결전의 진수였다. 함대 결전은 양국의 해군이 모두 모여 한판 승부로 승패를 가리는 것인데, 일본 연합함대와 러시아 발틱함대가 정면으로 맞붙어 승부를 낸 이 전투 이후 전함이 제해권의 핵심 전력이 되었다. 이때 나온 말이 '거함거포주의'이다.

최강 드레드노트 전함

새로운 흐름에 조응하여 발 빠르게 움직인 것은 영국 해군이었다. 영국은 1906년 역대 최강인 드레드노트dreadnought 전함을 만들었다. 길이 161미터, 폭 25미터, 배수량 1만 8,400여 톤, 최대 속력 21노트를 자랑했으며, 무엇보다 당시 가장 거포인 12인치 포를 무려 10문이나 설치한 무시무시한 전함이었다. 이전의 전함이 12인치 포 4문, 그 외 중간급 함포를 여러 문 달았던 데 비해, 중급포를 포기하고 거포만으로 배를 무장한 것이다. 600~800킬로그램의 철갑탄 10발을 한꺼번에 20킬로미터 밖의 적에게 퍼붓는 전함을 상대할 적수는 없었다.

드레드노트 전함의 등장으로 이전의 전함은 모두 무용지물이 되었다. 프랑스, 독일, 미국, 일본이 앞다투어 드레드노트급 전함을 만드는 데 주력했다. 가장 두각을 나타낸 것은 독일이었다. 빌헬름 2세는 거함 건조에서 영국에게 도전장을 내밀어 곧 독일을 세계 2위의 해군 국가로 만들었다. 해군 경쟁은 1차 세계대전 직전까지 유럽 국가들이 벌인 가장 대표적인 군비경쟁이었다.

전함은 매우 비싼 배이다. 한 척을 만드는 데도 상당한 국가재정의 출혈을 감수해야 했다. 이 전함들을 총동원하여 치르는 함대 결전은 한 번 패하면 돌이킬 수 없다는 점에서 위험성이 컸다. 막상 1차 세계대전이 일어나자 영국도 독일도 함대 결전을 기피했다. 영국은 전통적인 해상봉쇄에 나섰고, 독일은 잠수함 유보트로 대항했다. 하지만 1916년 독일은 해상봉쇄로 경제적 어려움이 심화되는 가운데 잠수함으로는 이를 해결할 수 없는 상황에 처하면서 결국 해상봉쇄를 뚫기 위해 영국 함대에 도전할 수밖에 없었다.

유틀란트 해전, 봉쇄 뚫지 못한 독일

1916년 5월 31일 드레드노트급 전함 16척 등 총 99척의 독일 함대가 영국 함대를 찾아 전진했다. 당시 해전은 망망대해를 떠다니며 망원경으로 정찰하다가 상대를 발견하면 함포를 쏴서 대결하는 방식이었다. 덴마크 유틀란트반도 인근 바다에서 공

1916년 유틀란트 해전 상황을 묘사한 삽화. 양측 함대가 격돌하여 바다가 연기에 휩싸인 모습을 잘 보여 주고 있다.

교롭게도 영국 소함대와 독일 함대가 덴마크 어선을 발견하고 추적하다 조우하였고, 곧 함포 사격을 하며 격돌하였다. 독일 함대가 승기를 잡았고 영국 소함대는 후퇴했다. 후퇴하는 소함대를 추격하던 독일 함대가 영국 함대 본진과 마주쳤다. 드레드노트급 전함 28척 등 총 151척으로 이루어진 대함대였다.

그날 저녁 두 차례 큰 격돌이 있었다. 양측 함대의 모든 포가 불을 뿜었고 바다 전체가 화약 연기에 휩싸였다. 수병들에게 보이는 것은 오직 함포의 불꽃과 연기뿐이었다. 격렬한 함포전 끝에 독일 함대는 영국 함대의 포격을 견디지 못하고 후퇴했다. 영국 함대는 다음 날 아침까지 독일 함대를 추격했지만 더 이상의 타격은 주지 못했다.

유틀란트 해전이 끝난 후 양측은 서로 승리했다고 주장했다. 피해는 영국군이 약간 더 입었기에 독일 해군은 의기양양했다. 그러나 전체적으로는 독일이 패배한 전투였다. 해상봉쇄를 뚫지 못하고 다시 독일 함대 기지에 갇혀 버렸기 때문이다. 독일은 더 이상 함대 결전을 시도하지 못하고 무제한 잠수함 작전으로 전환했고, 이로 인해 중립국 상선들이 격침되면서 결국 미국의 참전을 부르고 말았다.

항공모함의 시대로

전함 경쟁은 1차 세계대전의 긴장을 촉발시킨 대표적인 군비 경쟁이었지만, 막상 1차 세계대전에서는 이렇다 할 활약을 보이지 못했다. 그럼에도 여전히 전함은 해군 전력의 핵심이었고, 1차 세계대전 종전 이후 열린 군축 회담의 주요 의제였다. 전함 건조 비용 때문에 나라 재정이 파탄날 지경이라 모두 군축 회담에 적극적이었다.

한편에서는 전함에 대한 회의도 생겨났다. 1차 세계대전에 비추어 보았을 때 비용 대비 효용성이 너무 떨어지는 것이 아닐까? 몇몇 전략가들은 비행기에 주목하고 이를 활용한 항공모함 전투를 연구하기 시작했다. 2차 세계대전은 전함의 시대가 끝나고 항공모함의 시대가 개막했음을 선포하는 자리였다.

전함의 시대는 짧았고 그 상징성에 비해 활약은 없었다. 전함이야말로 국가 경쟁의 허세를 보여 준 대표적인 사례가 아니었을까 싶다.

30 윈스턴 처칠

전쟁 지휘에 최적화된 지도자

1차 세계대전이 일어났을 때 영국 해군장관은 처칠Winston Churchill이었다. 그는 1911년부터 1915년까지 4년 동안 해군장관을 맡아 독일과의 전함 경쟁 및 독일에 대한 해상봉쇄를 지휘했다. 그는 1차 세계대전 군사 지휘자로서 2차 세계대전에서도 지휘자 역할을 맡은 드문 케이스였다.

처칠은 귀족 출신이었다. 그의 아버지 랜돌프 처칠은 말버러 공작 가문의 후손으로 37세에 하원의장 겸 재무장관에 임명되어 차기 총리를 노렸던 유명 정치인이자 야심가였다. 그러나 정적의 견제로 정치적 몰락을 겪은 뒤 46세의 이른 나이에 병으로 죽었다. 아버지의 영화와 몰락은 처칠에게 중요한 교훈이 되었다. 처칠은 정치 경력 내내 밖에서는 적을 만들어도 내부에서는 적을 만들지 않으려고 노력했다.

제국주의자 해군장관

영국 명문가 출신답게 처칠은 제국주의자였다. 그는 육군사관학교를 졸업한 뒤 아프리카의 독립투쟁을 진압하는 군사작전에 참가하였다. 그는 식민 지배를 안정화하기 위한 유화정책을 연구하였지만 식민지 독립은 절대 인정하지 않았다. 일제강점기 문화통치를 추진한 사이토 총독에 비유할 수 있지 않을까? 역사 기록에서 당시 그의 주장을 미화하려는 흔적이 종종 보이지만, 식민 지배를 받았던 한국인의 시각으로 보면 가소로운 짓이다.

처칠은 1900년 20대의 나이로 보수당 소속으로 정계에 데뷔하여 1901년 하원의원에 당선되었다. 당시 영국 정치는 보수당과 자유당 양당 구조였지만 사회주의가 유행하면서 노동당이 서서히 부상하는 구도였다. 처칠은 좌파와 대결하기 위해 일종의 보수 대연합을 구상했기에 보수당과 자유당 양쪽 모두에 거리낌이 없다. 1904년 자유당으로 갈아탄 그는 해군 군비 확장 등 독일과의 대결을 준비해야 한다고 주장했고, 마

군복을 입은 처칠(21세).

침내 1911년 해군장관에 임명되었다.

그는 해군장관으로서 해군 군비 확장 외에 군함 개량, 병사 처우 개선, 해상봉쇄 지휘 등을 담당했고 영국의 공중 방어 정책 및 탱크 개발도 맡았다. 이 모든 일들은 성공적이었다. 그의 역할은 영국이 제해권을 장악하고 유지하는 데 분명 뒷받침이 되었다. 그러나 군사작전에서는 실패가 잇달았다. 특히 중동에서 오스만튀르크를 공격하기 위해 다르다넬스와 갈리폴리에서 행한 두 공격이 모두 실패하면서 그는 엄청난 비난을 받고 해군장관을 사임하였다.

1916년 처칠은 정부와 불화한 끝에 참전을 선택했다. 보병연대 지휘관으로서 벨기에 근처에 주둔하면서 직접 전투를 치르지는 않았지만 지속적인 포격을 당해 포탄 파편에 맞을 뻔한 위기를 넘기기도 했다. 반년 남짓한 짧은 기간이었지만 전쟁의 무서움을 나름 체험한 셈이다. 처칠은 1917년 군수부 장관에 임명되어 정계에 복귀했는데, 이때는 좌파들이 전쟁을 끝내기 위한 파업투쟁을 빈번하게 벌일 때였다. 처칠은 파업을 진압하고 차질 없이 전쟁을 수행하도록 하는 역할을 충실히 해냈다.

반노동 · 반좌파이면서 반파시스트

전쟁이 끝난 뒤 처칠은 사회주의의 위협에 대응하기 위한 폭넓은 보수 우파의 정치를 구상했다. 패전국 독일에 대한 가혹한 징벌적 배상에 반대한 것도, 러시아혁명으로 인한 사회주의의 확산을 막기 위해 독일과 손을 잡아야 한다고 생각했기 때문이다. 히틀러는 사회주의를 막기 위해 독일을 옹호하는 영국의 정책에 호감을 가졌고, 이는 2차 세계대전 당시 히틀러가 영국에 지속적으로 휴전을 제안한 배경이 되었다.

1924년 마침내 노동당이 집권당이 되자 자유당은 존재감이 희미해졌고 정계는 보수/노동 양당 구도로 개편되었다. 처칠은 보수당으로 당적을 옮겼다. 철새 정치인이라는 비판이 쏟아졌지만 처칠은 보수당에서 곧 자신의 지위를 마련했다. 그는 확고한 반노동당 및 반좌파로서 식민지 독립에 부정적이었고 공군 강화 등 다가올 전쟁을 적극적으로 대비해야 한다고 주장했다.

히틀러와 무솔리니 등 파시스트들은 처칠의 이런 태도에 호감을 느끼고 접근했다가 처칠이 반유대주의를 비판하자 바로 등을 돌렸다. 처칠은 파시스트들을 영국의 적으로 규정하고 적극적인 대결을 요구했다. 영국 노동당 내각이 히틀러에 유화정책을 취할 때 처칠은 강하게 비판했다.

결국 2차 세계대전이 일어났고 처칠은 다시 해군장관이 되었다. 1939년 폴란드 침공부터 프랑스 침공 직전까지, 즉 2차 세계대전이 아직 전면적으로 발전하기 전 1년 동안 처칠은 1차 세계대전 때와 비슷한 역할을 수행했다. 그러나 1차 세계대전 때와 달리 독일이 파죽지세로 북유럽을 점령하고 프랑스로 접근하자 처칠에게 더 많은 역할이 요구되었다. 그는 보수/노동 양당 연합의 전시내각 총리가 되었고 전쟁을 지휘할 책임을 부

1943년 2차 세계대전 중 테헤란 소련 공사관에서 스탈린(왼쪽), 프랭클린 루스벨트(가운데)와 만난 윈스턴 처칠(오른쪽).

여받았다. 해군과 공군에서 쌓은 많은 업적을 고려했을 때 그만 한 적임자가 없었다.

전쟁으로 나아가다

처칠은 1차 세계대전을 전투가 아닌 전쟁을 책임지는 장관으로서 경험했다. 그 경험은 영국에 위협이 되는 모든 상대를 적대시하는 극단적 애국심 속에서 평화보다는 전쟁을 준비하는 노력으로 이어졌고, 이는 2차 세계대전을 극복하는 결정적인 동력이 되었다.

 패튼, 괴링, 처칠 등은 모두 1차 세계대전을 반성하고 평화를 위해 노력하기보다 다가올 2차 세계대전을 준비하는 쪽이었다. 그들 모두 2차 세계대전에서 주도적인 활약을 하고 영웅이 되었다. 1차 세계대전 이후 평화의 노력이 무력하게 실패로 돌아갔다는 점에서 이들의 노력은 높이 평가받을 만하다. 이들이 아니었다면 인류는 끔찍한 파시즘의 지배를 받았을 테니까 말이다. 하지만 1920~30년대 평화 노력이 실패로 돌아간 데 이들의 주장과 행동이 한몫한 점은 없었을까? 전쟁 준비를 외친 것은 평화 노력의 실패를 예견했기 때문일까, 아니면 평화 노력에 부정적이었기 때문일까? 무기의 역설을 다시 한 번 떠올리며, 이들이 전시에 펼친 활약뿐만 아니라 평화 시에 한 행동에 대해서도 깊이 들여다볼 필요가 있지 않을까?

31 잠수함

바다 밑으로 확대된 전선

쥘 베른Jules Verne의 소설 《해저 2만 리》(1869)에는 잠수함 노틸러스호가 나온다. 잠수함에 대한 인류의 상상력이 처음 문학으로 구체화된 것인데, 이 소설에서는 잠수함의 동력원이 소개되지 않는다. 그러다 보니 독자들이 상상력을 발휘하여 원자력 잠수함으로 둔갑시키곤 했다. 엉뚱한 상상으로 이어지긴 했지만 이는 인류의 창의력을 자극했고, 지금 우리는 원자력 잠수함의 전성기에 살고 있다.

현실이 된 상상

잠수함은 《해저 2만 리》에서 그리 멀지 않은 미래에 현실이 되었다. 영국이 강철 전함으로 제해권을 장악하자, 뒤처지게 된 프랑스가 잠수함 개발에 나서서 1886년 배터리로 작동하는 잠

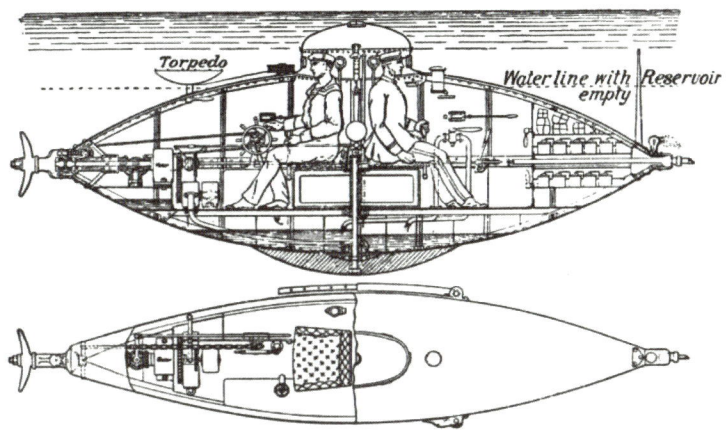

1911년 고안된 잠수함 어뢰정 설계도.

수함을 만들었다. 최초의 잠수함*은 배터리 충전을 위해 항구로 돌아와야 했기 때문에 운항 거리가 육지에서 몇 십 킬로미터 정도였으며, 원통형 모양의 불안정한 구조여서 언제 뒤집어질지 몰랐다. 이 문제는 1896년 로뵈프Maxim Laubeuf가 나르발호를 개발하면서 해결했다. 로뵈프는 원통형 몸체를 배 모양 외피가 감싸는 이중 구조를 채택하여 안정감을 확보했다.

물속의 잠수함은 그 존재만으로도 위력적이었다. 물 위의 군

---

* 물속으로 들어가 적을 공격하기 위해 만든 구조물 형태의 잠수함은 역사상 여러 번 등장했으며 남북전쟁 때 활약한 구체적 기록도 있다. 여기서는 현대적 의미의 잠수함으로 국한하여 설명한다.

함에서는 물속을 보기 어려우니 잠수함을 발견하기 어려웠고, 운 좋게 발견한다 해도 물의 저항력 때문에 총알이나 포탄으로 공격하기 어려웠다. 잠수함은 물속에서 안전하게 유유히 적 군함에 다가가 어뢰를 발사해서 격침시켰다. 잠수함이 약점을 보이는 때는 산소 공급이나 수상 관측 등의 이유로 바다 위로 떠오를 때 정도? 물속에 있을 때 잠수함을 파괴할 방법은 사실상 1차 세계대전까지는 없었다.

영국의 잠수함 사냥

1차 세계대전이 일어나고 영국 해군이 독일 해상을 봉쇄하자 독일은 잠수함으로 영국 해상을 봉쇄하려 했다. 특히 중립국인 미국에서 물자를 싣고 들어오는 상선을 공격하여 큰 타격을 입혔다. 그런데 1915년 5월 7일 미국 뉴욕에서 출발하여 영국 리버풀로 가던 영국 여객선 루시타니아호가 독일 잠수함의 공격을 받고 침몰했다. 이 일로 승객과 승무원 1,198명이 사망·실종됐으며 이 중에는 126명의 미국인도 있었다.

이 사건으로 미국에서 1차 세계대전에 연합국으로 참전하자는 여론이 끓어오르자 독일은 미국에 사과하고 새로운 규칙을 제시했다. 의심되는 민간인 선박은 정선시킨 후 수색해서 무기가 나오면 공격한다는 것이었다. 이 규칙은 잠수함에게 치명적이었다. 정선을 명령하고 수색하려면 잠수함이 바다 위로 떠올라 선박에 접근해야 하기 때문이다. 영국은 상선으로 위장한

1915년 5월 8일 《뉴욕타임스》 1면에 실린 루스타니아호 침몰 사건 관련 기사. 이 사건으로 미국 내에서 전쟁에 참전해야 한다는 목소리가 커졌다.

군함을 만들어 독일 잠수함을 사냥했다. 군함의 민간 상선 위조, 정확히는 민간 상선을 함포 등으로 무장시키는 것은 국제법 위반이지만, 1차 세계대전은 이미 국제법을 휴지 조각으로 날려 버린 전쟁이었다.

독일은 시간이 흐르면서 점점 불리해졌다. 1916년 유틀란트 해전으로 해상봉쇄를 뚫는 데 실패했고, 영국의 잠수함 사냥도 점점 교묘하고 기술적으로 발전했다. 잠수함 공격용 무기인 폭뢰도 개발되어 1916년 실전에 배치되었다. 폭뢰는 구축함 등의 배에서 바다 밑으로 투하하면 서서히 가라앉다가 잠수함이 있을 만한 위치에서 폭발하도록 고안된 무기이다. 잠수함은 밀폐된 원통이기 때문에 폭뢰의 폭발로 조그만 구멍이라도 생기면 침수되어 바다 밑으로 가라앉을 수밖에 없었다.

폭뢰는 잠수함 안의 병사들에게 공포의 대상이었다. 잠수함의 병사들은 최소한의 공간, 예컨대 독일 유보트의 경우 길이 60미터, 높이 7미터 공간에 35명의 병사와 장교가 함께 생활했기 때문에 사생활이 전혀 없었다. 잠수함 운용을 위한 최소 인원이 수심 수십 미터 깊이에서 활동하며 단 한 번의 실수만으로도 함께 몰살당하는 구조였기 때문에, 잠수함 수병들은 가족보다 더 끈끈한 인간관계와 신뢰로 뭉쳐 있었다.

이들은 잠수함이 폭뢰에 맞아도 죽고, 폭뢰 파편을 맞아 선체에 구멍이 나도 죽고, 폭뢰 폭발의 진동으로 잠수함의 기계 일부가 고장 나서 산소 공급이 안 되거나 떠오를 수 없게 되어도 죽는다. 그들은 폭뢰 공격을 피하기 위해 최대한 들키지 않으려고 숨소리도 참았고, 폭뢰 공격을 받으면 무사히 벗어날 수 있도록 기도했다. 강한 자부심과 전우애를 자랑하는 잠수함 수병들이지만, 그 순간에는 깡통 속의 쥐 같은 처지였던 셈이다.

폐기된 독일의 유보트

1917년 독일은 전세가 불리해지자 무제한 잠수함 작전을 선포했다. 연합국 배는 무조건 공격하겠다는 선포였다. 이로 인해 미국 상선이 큰 피해를 입었고, 결국 미국이 참전하기에 이르렀다. 미군 참전으로 전쟁은 결정적으로 기울었고 독일은 항복

미국 뉴욕에 전시된 독일 해군 잠수함 유보트.

했으며, 독일 유보트는 대부분 폐기되었다.

　잠수함은 1차 세계대전에서 해군 전력이 밀리는 독일에게 유용한 신무기였고, 이후 100년 동안 바다 위에서뿐만 아니라 바다 밑에서의 전쟁도 더욱 치열해졌다. 이제 육지의 탱크, 공중의 전투기, 바다의 잠수함이 전쟁의 양상을 완전히 바꾸어 버렸다. 1차 세계대전의 신무기 경쟁이 전쟁의 무대 자체를 바꾸어 놓은 것이다.

32 총력전

전쟁 뒷받침한 '스파르타의 어머니들'

1915년 베를린 제국의회 의사당 앞에서 주부 500여 명이 시위를 벌였다. 휩트크림(일종의 휘핑크림)의 품질이 점점 나빠지는 것에 항의하는 시위였다. 1917년 3월 러시아 상트페테르부르크에서는 빵 배급 중단에 항의하는 여성 노동자들의 시위가 일어났다. 여성들이 여성문제가 아닌 모두의 생존 문제를 앞세워 시위를 벌인 것, 이것이 1차 세계대전 중 나타난 특징 중 하나이다.

여성들이 시위에 나선 것은 총력전 때문이었다. 총력전Total War은 역사에서 심심찮게 등장한 용어지만, 대부분 이론으로만 존재했고 현실에서 그 참모습을 드러낸 것은 1차 세계대전 때였다. 그래서 1차 세계대전의 총력전 양상을 독일어로 '토탈러 크리크Totaler Krieg'(독일군 보병대장 에리히 루덴도르프Erich Ludendorff의 회고록에서 사용된 단어)라고 표현하기도 한다. 그만큼 현대전의 총력전은 아주 전형적이면서도 독특한 형태를 띠었다.

1차 세계대전 당시 프랑스 여성군 보조군단. 1918년 2월 프랑스의 영국군 빵집에서 대원들이 빵을 만들고 있다.

후방 지킨 여성들

총력전은 앞에서 말했듯이 산업혁명의 결과물이다. 대량생산-대량수송-대량소비가 전쟁에서 대량징병-대량수송-대량소모로 이어진 것이다. 이 연결이 식민지에서 들어오는 자원과 인력으로까지 확장되면서 전 세계가 총력전의 소용돌이로 빨려 들어갔다. 물론 여기에는 베르됭 전투의 지휘관들이 그랬듯 소모전을 기본 전술로 생각하고 거리낌 없이 사용한 국가와 군대의 책임이 컸다.

국가의 모든 것을 전쟁에 쏟아붓다 보니 거의 모든 남자들이

무기 제조에도 여성들이 투입되었다. 1918년 5월 런던 무기 공장에서 일하는 여성 노동자들.

전쟁터로 끌려갔다. 후방에 있는 남자는 어린아이, 장애인, 상이군인, 노인 정도였다. 물론 멀쩡해 보이는 사람들도 있었는데 대부분 지배층의 자식들이었다. 이들은 후방부대에서 근무하거나 병원에서 가짜 제대증을 받아 군대에서 빠졌다. 가짜 제대증 한 장이 수천 프랑이나 했다고 하니, 부자가 아니면 손에 넣기 어려웠다.

총력전은 상당 부분 여성의 몫이었다. 수많은 여성들이 공장을 돌리는 데 동원되었고, 간호병으로 전선과 군 병원에서 근무했다. 그 덕에 여성들의 사회 진출과 취업이 활발해져 전후 남녀평등이 혁명적으로 진전되긴 했지만, 전쟁 기간 동안은 힘겨운 삶을 이어 가야 했다. 남성처럼 일하고 엄마와 주부의 역할도 함께해야 했기 때문이다.

당시 여성들의 고통스런 삶은 영화 〈서부 전선 이상 없다〉(1930)에 잘 묘사되어 있다. 후방으로 나온 독일군 4명이 여성 3명을 유혹하는데, 여성들은 처음에는 콧방귀를 뀌지만 빵으로 유혹하니 너무나도 쉽게 넘어간다. 후방의 굶주림과 생계의 절박함에 대한 극적 묘사가 아닐 수 없다.*

총력전은 자원이 있는 한 멈추지 않는다. 따라서 상대의 자원줄을 끊는 쪽이 이기는 법이다. 영국은 해상봉쇄로 독일의 자원줄을 끊으려 했고, 독일은 잠수함으로 영국과 프랑스의 자원줄을 끊으려 했다. 어렵게 확보한 자원은 군대에 우선 투입되었으므로 민간인의 삶은 더욱 고통스러웠다.

프랑스는 전선 주변의 북부를 제외하면 어려워도 어느 정도 버틸 만했다. 독일군이 릴의 탄광 지대를 점령하는 바람에 석탄이 부족해 겨울에 추위로 고생했지만 식량은 그럭저럭 확보되었다. 1914년 5개월 동안 크루아상 제조가 금지되고 매주 하루 육류 없는 식사가 권장되었으며, 무제한 잠수함 작전 이후

---

* 이는 전후 여성들이 파시즘에 열광하는 동기가 되기도 했다. 전쟁의 굶주림과 패전 후의 고통이 여성과 가정을 보호해 줄 강력한 힘에 대한 갈망으로 나타난 것이다. 나치 여성 동맹 위원장 게르하르트 숄츠클링크가 여성의 사명은 남자를 돌보는 것이라고 말한 것도 결국 전쟁으로부터 여자를 보호할 남자의 능력을 의미한 것으로 볼 수 있다.

에는 케이크 제조가 제한되고 정육점이 매주 이틀 동안 휴업 명령을 받은 정도였다.

독일 국민은 영국의 해상봉쇄로 극심한 고통을 받았다. 비료 생산이 어려워져 식량 생산이 급감했다. 영국은 식량을 전략물자로 규정하여 독일로 반입되지 못하게 했다. 1916년부터는 크림 생산이 중지되고 버터와 커피도 구하기 힘들었다. 빵은 주당 900그램씩 배급되었는데 모래를 씹는 것처럼 거칠었고, 1917년부터는 그런 빵도 구하기 힘들어 순무로 버텼다. 하류층은 특히 고통이 심해 영양실조로 어린아이들이 죽어 갔다.

애국심, 선전선동, 단결, 인내…

어려움 속에서 총력전을 승리로 이끌려면 애국심을 고취할 수 있는 강력한 선전선동이 필요했다. 전쟁을 위해 국민들이 희생을 감수하고 적극적으로 국가 시책에 참여해야 한다는 강연과 연설이 꾸준히 이어졌다. 영국의 조지 5세는 전국을 돌며 국민들을 격려하는 연설을 했고, 프랑스의 푸앵카레 대통령은 허름한 옷차림으로 최전방을 방문하여 병사들을 독려했다. 언론과 지식인들도 열심이었고 학교도 마찬가지였다.

국민들은 패배를 원치 않았다. 승리하기 위해 어떤 고통도 감내해야 한다는 의지가 투철했다. 여성들의 헌신적 노력은 이런 분위기를 더욱 고조시켰다. 총력전의 관점에서 본다면 최소한 독일과 프랑스의 전쟁은 여성들이 주도한 전쟁이었다. 가히

'스파르타의 어머니'에 비견할 만했다.

　이런 분위기에서는 반전운동이 불가능했다. 프랑스 사회주의자들은 이념을 초월해 뭉치자는 신성한 동맹에서 빠져나올 수 없었다. 그들은 1916년 즉각적인 전쟁 종료를 요구하는 사회주의 인터내셔널의 결의안에 아무도 찬성하지 않았다. 독일에서는 리프크네히트가 이끄는 사회주의 단체 스파르타쿠스단이 포츠담광장에서 반전시위를 벌였으나 고립된 채 진압당하고 주동자들이 반역죄로 기소되었다. 하지만 이에 대한 분노와 항의의 몸짓은 더 이상 없었다.

　국가 전체가 전쟁에 모든 것을 쏟아붓는 총력전이 가능하려면 애국심, 선전선동, 국민의 단결과 인내 등이 뒷받침되어야 했다. 민족주의의 전성기에 일어난 1차 세계대전이 총력전의 전형이 될 수 있었던 데에는 이런 배경이 있었다.

---

* 스파르타의 어머니는 자식을 전쟁터로 보내면서 "네가 전우를 버리고 도망치기보다 차라리 방패에 실려 시체로 돌아오기를 바란다"고 말했다고 한다.

33 히틀러

전쟁이 낳은 괴물

1913년 24세의 히틀러는 오스트리아에서 독일의 뮌헨으로 이주했다. 오스트리아에서는 그가 병역을 기피하기 위해 독일로 달아났다고 보고 수사관을 파견해 체포했다. 히틀러는 자신이 병약해서 군복무를 할 수 없다고 주장했다. 결국 잘츠부르크로 끌려가 병원에서 검사를 받았는데 병역 부적격 판정을 받았다. 사람들이 사내답지 못하다고 경멸해도 히틀러 본인은 뛸 듯이 기뻤다. 그는 오스트리아군에 복무하기를 원치 않았다. 히틀러가 보기에 오스트리아군은 유대인을 비롯한 잡종들이 섞여 있었기 때문이다. 히틀러는 유대인을 배척하는 독일을 원했다.

서부전선의 전령병

1914년 1차 세계대전이 일어나자 히틀러는 즉각 독일군, 정확히는 바이에른(독일 남부의 주) 육군에 자원입대했다. 그는 바에이른 예비군 보병 16연대에 배속되어 서부전선에 투입되었다.

보병 16연대에 근무할 당시 동료 병사들과 함께한 히틀러(두 번째 줄 오른쪽 끝).

역할은 전령병이었다. 전령병은 앞에서도 살펴봤듯이 참호를 뛰쳐나와 적들의 포화를 뚫고 전방과 후방으로 소식을 전달하는 위험한 임무를 수행했다. 그는 용감하게 자신의 역할을 수행하여 사령부의 칭찬을 받았으며 철십자훈장을 수여받았다.

히틀러는 1차 이프르 전투, 솜 전투, 아라스 전투 등 주요 전투에서 활약했는데, 솜 전투에서 허벅지에 포탄 파편을 맞아 중상을 입었다. 두 달 동안 병원 신세를 진 뒤 복귀했으나, 1918년 독가스 공격으로 눈에 상처를 입고 다시 병원에 후송

• 당시에도 무전기가 있었지만 대부분 유선이었다. 따라서 적군의 집중 포격을 받으면 선이 끊어져서 무용지물이 되었다.

되었다. 그는 일시적으로 실명했지만 곧 회복되었다. 그러나 병상에서 독일의 항복 소식을 듣고 몹시 실망하여 두 번째 실명을 겪었다.

군인 히틀러는 용감했지만 병사들과 사이는 좋지 않았다. 내성적 성격에 그림 그리는 것을 좋아하는 인텔리 분위기, 유대인과 유색인종을 혐오하는 까칠한 언행, 결정적으로 과도하게 용감함을 주장하여 병사들과 공감하지 못했다. 참호에서 노이로제에 걸린 병사들에게 용감하게 나가 싸우다 죽어야 한다고 떠드는 약간 머리가 돈 것 같은 병사를 좋아할 사람은 별로 없었을 것이다.

'배신자를 처단하라', 나치스의 등장

히틀러는 독일군을 좋아했다. 독일군은 훈련을 통해 강인하게 단련된 우수한 군대였고 특히 하사관의 능력이 뛰어났다. 규율, 용기, 전투력 등은 유럽 최강으로 평가받았다. 그렇기에 독일의 패전은 충격이었고 그 원인을 군대 밖에서 찾는 사람들이 많았다. 이때 유행한 주장이 바로 내부의 배신자들이었다.

내부의 배신자들에게 패전의 책임을 물어야 한다는 주장이 설득력을 얻은 가장 큰 이유는 '베르사유 조약'이었다. 패전국 독일에 대한 징벌적 배상을 주 내용으로 하는 베르사유 조약은 종전 이후 집권한 독일 사회민주당의 작품이었다. 베르사유 조약에 대한 분노가 클수록 사회민주당과 사회주의자에 대한 모략과 선동이 잘 먹혀들었다. 이것이 오해라는 것은 1914년 독일 사회민주당의 결정과 전쟁에 대한 헌신, 일부 사회주의자들의 무력한 반전투쟁을 통해 충분히 알 수 있다. 그러나 총력전 속에서 4년 동안 극심한 고통을 감내한 독일군과 독일 국민에게는 패배의 책임을 추궁할 만만한 상대가 필요했다.

히틀러는 열렬하게 내부의 배신을 믿었다. 사회주의자, 유대인, 탐욕스러운 부르주아가 후방에서 전방의 군인들에게 칼을 꽂았다고 생각했다. 그는 자신과 같은 생각을 가진 사람들을 찾았다. 마침 독일군 사령부가 히틀러에게 독일노동자당DAP에 대한 정보를 캐라는 스파이 임무를 주어 자유롭게 활동할 수 있었다.

독일노동자당은 디트리히 에카르트Dietrich Eckart가 유대 혐오와 반공산주의 등의 극우적 주장으로 선동하여 동지들을 모아 만든 당이었다. 당시 독일에서는 맥주를 파는 비어홀에서 정치 집회나 연설회가 종종 열렸는데, 디트리히 에카르트도 비어홀에서 모임을 가지곤 했다. 히틀러는 에카르트의 주장에 공감하여 1919년 가을 독일노동자당 모임에서 열정적인 지지 연설을 했고, 이를 계기로 둘은 의기투합했다. 비어홀 모임에 괴링Hermann Göring, 헤스Rudolf Heß, 힘러Heinrich Luitpold Himmler 등을 비롯하여 많은 사람들이 참여하면서 규모가 커지자 히틀러는 이들을 바탕으로 국가사회주의독일노동자당NADAP, 즉 나치스를 만들었다.

1923년 뮌헨 비어홀에서 열린 NSDAP 집회 모습.

독일의 선택이 남긴 교훈

히틀러와 나치라는 괴물은 1차 세계대전 패배에 대한 독일 국민의 불만과 분노를 토대로 만들어졌다. 가장 크게 분노한 이들은 참전군인들이었다. 히틀러는 이탈리아의 무솔리니와 같은 마음으로 나치즘을 일으켰고, 히틀러에 동조한 세력도 괴링 같은 참전군인들이나 힘러처럼 군인을 동경한 사람들이었다. 그러나 그 분노는 독일과 이탈리아를 2차 세계대전의 수렁으로 빠뜨렸고 또 한 번 패전국의 멍에를 지게 만들었다.

그런 의미에서 독일에게 2차 세계대전은 1차 세계대전과 달랐다. 독일은 2차 세계대전 이후 철저하게 반성하고 내부에서

1938년 3월 베를린에서 오스트리아와의 합병을 발표한 후 독일 의회의 박수를 받는 히틀러.

문제점을 찾고 해결하려 했다. 패전을 남 탓으로 돌리지 않고 독일 내부의 야만성에 초점을 두고 세계평화를 위해 노력하는 국가로 만들려고 했다. 그 노력은 히틀러가 상상한 것보다 훨씬 더 훌륭한 독일을 만들었다.

1차 세계대전 이후의 히틀러 제국과 2차 세계대전 이후의 민주적인 독일연방공화국, 그 차이가 바로 우리에게 주는 역사적 교훈이다.

34 간디

제국주의의 급소를 찌르다

1914년 1차 세계대전이 일어났을 때 식민지 인도에서 인도인을 대표하는 단체는 국민회의였다. 국민회의는 영국의 식민 지배에 대한 인도인들의 불만이 고조되자, 이를 무마하기 위해 1885년 친영파들이 만든 단체이다. 일제가 조선을 식민 지배할 때 이완용 등 친일파들이 만든 중추원과 비슷하다고 볼 수 있다. 그런데 시간이 흐르면서 국민회의의 성격이 조금씩 바뀌었다.

인도 친영파의 분열

인도의 친영파들은 하층 카스트들이 많았다. 인도의 전통적 사회계급인 카스트는 세부 직역으로 따지면 3천 개에 이른다고 하지만, 크게 보면 상층의 브라만과 크샤트리아, 하층의 바이샤와 수드라로 나뉜다. 친영파들은 신분제의 굴레 속에 고통받던 하층민들이라 인도에 대한 충성보다는 새로운 기회를 부여한

1885년 뭄바이에서 열린 인도국민회의 첫 모임에 참석한 대표단.

영국에 더 충성심이 강했다.

그러나 친영파들도 인도인이었고, 영국과 인도는 문화가 너무 달랐다. 특히 종교가 문제였다. 인도인들은 대개 이슬람교도(무슬림)나 힌두교인이었는데, 영국은 기독교를 강요하고 힌두교와 이슬람을 무시하거나 적대시했다. 이 때문에 특히 힌두교 친영파들이 영국과 갈등이 심했고 점점 충돌하기 시작했다.

국민회의와 영국의 정면충돌은 1903년 벵골 분할령으로 일어났다. 인도에서 가장 인구가 많은 벵골 지역에서 힌두교도와 무슬림이 자주 충돌하자 영국이 통치의 편의를 위해 벵골을 이슬람 벵골과 힌두 벵골로 분할하겠다고 발표한 것이다. 국민회의는 영국이 인도를 잘게 찢어 분할 통치하려는 의도라고 여겨 결사반대했다.

친영파들은 영국을 흠모하고 영국에서 근대 문물을 배웠기 때문에 민족주의와 민주주의에 대한 의식이 투철했고 '인도인'이라는 민족적 정체성이 강했다. 그들은 인도를 해체하려는 영국의 정책에 결사반대했으며, 이 사건을 계기로 국민회의는 점점 인도 독립운동 단체로 변모하기 시작했다. 다만, 친영파의 속성상 독립운동가로 전환하는 것은 쉽지 않은 일이었다. 국민회의는 곧 독립운동가, 자치론자, 식민 지배 지지자 등 다양한 사람과 파벌로 분화되었다.

독립을 위해 전쟁터로 간 인도 청년들

1차 세계대전이 일어났을 때 국민회의는 당연히 영국을 지지했다. 영국도 투옥했던 국민회의의 과격파 인사를 석방하는 등 유화정책을 취하였다. 과격파의 지도자 틸락은 석방된 후 빈부와 노소를 막론하고 자신의 능력을 최대한 발휘하여 폐하의 정부를 지지하여 돕는 것이 모든 인도인의 의무라는 호소문을 발표하였다. 심지어 나이가 조금만 젊었어도 스스로 참전했을 것이라고까지 말했다. 1차 세계대전은 사회주의자뿐만 아니라 독립운동가조차 식민 지배국의 전쟁을 지지하는 광신적 전쟁이었다.

영국을 지지하는 인도인들의 마음속에는 승전의 대가로 종전 이후 자치권 부여에 대한 기대가 있었다. 바이샤나 수드라 출신 친영파들은 아직은 인도가 독립해서 민주주의를 할 만한

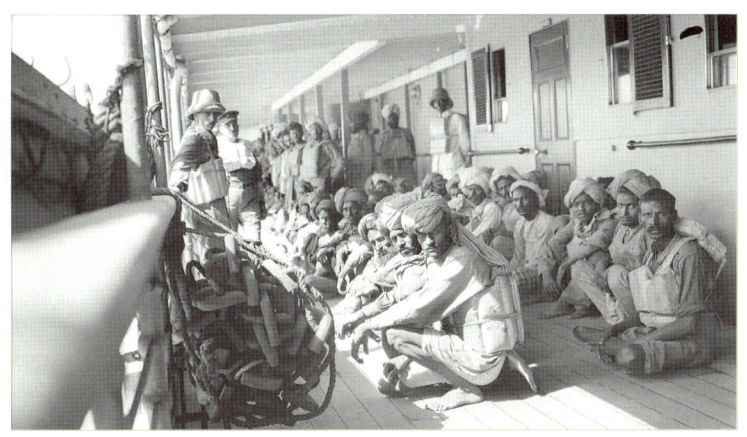
1차 세계대전에 참전한 인도 병사들.

수준이 아니며 영국의 보호와 지도가 필요하다고 생각했다. 독립도 아니고 자치권인데 영국이 설마 모른 척할까? 인도인들은 열성적으로 전쟁에 협조하였다. 120만 명이 전쟁 동원 모집에 응했고, 이 중 80만 명이 전투 요원으로 활약했다. 수억 파운드의 돈도 바쳤다. 10만 명의 꽃다운 인도 청춘들이 전쟁에서 목숨을 잃었다.

참전 독려에서 독립운동 지도자로

1915년 간디가 인도로 귀국했다. 45세 중년의 간디는 대표적인 친영파 인권변호사였다. 그는 남아프리카공화국에서 변호사로 활동하며 이주 인도인의 인권을 위해 투쟁하여 명망이 높았다. 그 역시 귀국한 뒤 '인도의 장래는 전쟁터에서 결정날 것이다.

1915년 인도로 귀국한 이후 환영 인파에 둘러싸인 간디. 검은색 납작한 모자를 쓰고 앉아 있는 사람이 간디이다.

자유로 통하는 길은 프랑스 전쟁터에 있다'며 인도인들에게 적극적으로 무기 사용법을 배우라고 촉구하는 등 참전을 독려했다. 심지어 자치권 같은 협조의 조건조차 내걸지 않았다!

1차 세계대전 기간 동안 영국의 유화정책으로 인도의 자치운동은 활기를 띠었다. 이탈했던 과격파와 무슬림들이 국민회의로 돌아왔고, 그 외 다른 단체들도 조직되었다. 이는 곧 분열을 의미하기도 했다. 1917년 국민회의 의장 선출을 둘러싸고 온건파와 과격파가 격돌하여 온건파가 이탈하였는데, 이때부터 간디의 진가가 발휘되기 시작했다.

간디는 힌두교에 근거한 정신적 영도자였다. 그는 이 세상의

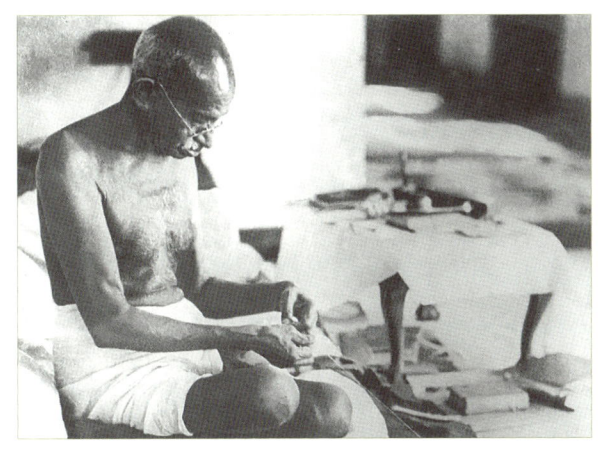

1942년 직접 실을 잣고 있는 간디. 자급자족 경제를 중시했던 간디의 주장은 이상적이라는 비판을 받았지만 제국주의 경제 시스템의 급소를 찌르는 것이었다.

모든 병폐가 서양의 근대 산업문명에서 비롯된다고 보았다. 간디는 서양식 근대화를 추종하는 한 인도는 독립할 수 없다고 주장하며 자급자족 경제를 토대로 하는 공동체로서 불평등과 억압을 철폐하는 대안을 제시했다. 그의 주장은 제국주의에 치명적이었다. 자급자족 경제는 식민지의 핵심 기능인 상품 소비 시장을 불가능하게 만들기 때문이다. 간디의 주장은 이상적이고 중세적인 것 같으면서도 실제로 제국주의 경제 시스템의 급소를 찌르는 것이었다.

영국 굴복시킨 간디의 길

1차 세계대전이 끝난 뒤 영국은 인도인의 자치 요구를 거부했다. 처칠은 열렬한 인도 독립 반대론자였고, 이때부터 1945년까지 계속 간디를 미워했다. 그러나 간디의 영적 지도는 인도 독립운동의 분열을 딛고 거대한 비폭력 불복종 운동을 일으켰다. 시장이 필요한 영국은 초조한 나머지 야만성을 드러내고 말았다. 평화로운 집회에 무차별 사격을 가해 대량학살을 하고, 무고한 사람을 잡아가서 잔인한 물고문과 전기고문을 했다. 그리고 점점 제국주의의 모순과 함께 인도 독립운동에 굴복하는 길을 걷게 되었다.

  1차 세계대전은 제국주의 식민 지배의 본질을 여실히 드러냈다. 필요할 때는 같은 국민이니 동지니 하는 감언이설로 꼬이지만, 자기들에게 이익이 없으면 가차없이 버리고 차별하고 착취했다. 친영파들의 1차 세계대전 협조가 거대한 독립운동으로 이어진 것은 그런 속성들 때문이었고, 간디 같은 위대한 지도자가 나올 수 있었던 것은 그런 제국주의의 본질을 파악하고 대안을 제시했기 때문이다.

35
후세인–맥마흔 서신

기나긴 중동 갈등의 씨앗

19세기 청나라와 오스만튀르크는 비슷한 운명을 걷고 있었다. 중국은 본토 외에 주변 국가들과의 조공–책봉 관계를 토대로 느슨한 중화 질서를 유지하고 있었다.* 오스만튀르크 역시 영적 지도자인 칼리프 아래 같은 무슬림이라는 느슨한 지배 질서를 유지하고 있었다. 또 청나라가 제국주의 침략으로 조선과 베트남을 잃고 위기에 빠진 것처럼, 오스만튀르크도 제국주의 침략으로 영향권 안의 술탄** 국가들을 잃고 위기에 빠졌다. 단지 다른

---

* 일본은 동아시아에서 유일하게 중화 질서 안에 들지 않았다고 자랑하지만, 사실 들고 싶어 안달이었다. 중화 질서 안에 포함되면 중국과의 무역을 통해 상당한 경제적 번영을 구가할 수 있었기 때문이다. 그러나 임진왜란으로 중국과 전쟁을 치른 뒤 전후 처리를 제대로 하지 않아 명나라나 청나라는 일본의 조공 요구를 받아 주지 않았다.

** 이슬람은 영적 지도자인 칼리프 지배 하의 단일국가를 지향했다. 그러나 실제로는 여러 국가가 존재했고, 각각의 국가 지도자를 '술탄'이라고 불렀다. 술탄은 권위, 권력으로 번역할 수 있으며 세속적인 지배자로 칼리프보다 아래의 존재를 의미한다.

것은 중국은 위기를 넘겼고, 오스만튀르크는 망했다는 점이다.

오스만군의 거듭된 패배

1914년 오스만제국은 동쪽으로 페르시아(현재의 이란), 서쪽으로 팔레스타인(현재의 이스라엘), 북쪽으로 흑해와 카스피해 일대에 뻗쳐 있었다. 독일과 동맹을 맺고 참전한 오스만군은 독일처럼 동쪽과 서쪽에서 각각 러시아, 영국과 전쟁에 돌입했다. 그런데 당시 오스만제국에는 복잡한 내부 사정이 있었다. 여러 민족들이 분리독립운동을 일으킨 것이다. 서구 민족주의로 무장한 청년튀르크당이 민족국가 수립을 내걸고 근대화 운동을 일으키면서, 그동안 오스만제국의 틀 안에 있던 다양한 민족들 사이에서 민족주의 바람이 불었다. 이들은 영국군이나 러시아군을 도와 오스만군을 공격하였는데, 특히 튀르크족에게 소외당했던 아랍인들이 적극적이었다.

북부전선에서 오스만군은 러시아군에 패배를 거듭했다. 러시아군은 독일군에게는 밀렸지만 오스만군보다는 우월했다. 또 오스만의 지배에 반기를 들다가 집단학살당한 아르메니아·아시리아 민족들이 러시아와 연합하여 힘을 보탰다. 흑해와 카스피해 사이 코카서스산맥 일대에서 오스만군은 러시아군에게 일방적으로 두들겨 맞고 많은 병력을 잃은 채 후퇴했다.

동부전선에서는 중립국 페르시아를 공격했다. 페르시아는 겉으로는 중립국이지만 실제로는 러시아가 북부, 영국이 남부

1914년 11월 연합군에 대한 전쟁을 선포하는 오스만제국. 이로써 1차 세계대전에 참전하게 되었다.

에서 상당한 지배권을 갖고 있었다. 이곳에서는 페르시아의 지배에 불만을 품은 쿠르드인 등이 오스만군을 도왔기 때문에 치열한 격전이 이어졌다. 이곳은 결국 1917년 러시아혁명으로 러시아가 전쟁에서 빠지면서 무승부로 끝났다. 서부전선에서는 이집트의 수에즈운하를 둘러싼 공방전이 치열했다. 오스만군은 독일군과 연합하여 두 차례 수에즈운하를 공격하였지만, 영국-이집트 연합군의 반격을 받고 후퇴하였다.

아랍 민족운동 이용한 영국의 양동작전

오스만제국의 공격은 모두 실패했다. 그러나 연합국의 반격도 여의치 않았다. 1915년 연합군이 현재 그리스와 튀르키예의

1915년 오스만 연대 깃발을 든 오스만제국 군인들.

접경에 해당하는 갈리폴리반도를 여러 차례 공격했지만, 오스만군의 강력한 반격에 밀려 무려 25만 명의 사상자를 내는 큰 타격을 입고 후퇴했다. 이 공격에 대한 책임으로 처칠이 해군장관에서 물러나기도 했다.

현재의 이라크에 해당하는 메소포타미아 지역은 오스만제국의 지배력이 느슨한 곳이었다. 연합군은 석유의 안정적 확보 및 반오스만 무슬림들의 지지를 얻기 위해 1914년부터 메소포타미아 남부를 공격했다. 그러나 1915년 쿠트를 수비하던 영국군 8천여 명이 오스만군에게 포위되자 이들을 구출하고자 벌인 쿠트 공방전에서 연합군은 무려 1만 3천여 명이 항복하는 참패를 당했다.

오스만제국을 무너뜨릴 방법은 내부 분열밖에 없었다. 이미 여러 민족들이 오스만제국의 튀르크 민족주의에 반기를 들었으므로, 이들을 지원하는 편이 훨씬 손쉬운 길일 수 있었다. 영국은 1차 세계대전 내내 한쪽에서는 전쟁을 하고 또 한쪽에서는 오스만제국을 분열시키는 양동작전을 썼다. 그 대표적 사건이 '후세인-맥마흔 서신'이다.

이슬람을 창시한 것은 아랍족이고, 이슬람 성지 메카도 아라비아반도에 있다. 그러나 아랍족은 오스만제국이 중동 이슬람 세계를 통일한 이후 소외되었고,* 특히 청년튀르크당 집권 이후 심하게 차별받았다. 이에 아랍인들은 1차 세계대전 전부터 오스만제국의 통치에 반기를 들고 투쟁했는데, 영국이 이를 부추기려고 아랍 민족운동 지도자 후세인 빈 알리에게 아랍의 독립국가 수립을 약속한 것이 후세인-맥마흔 서신이다. 후세인 세력은 영국에게 자금과 무기 등을 지원받아 대규모 반란을 일으켰고, 아라비아반도 전역에서 오스만군과 반란군이 격돌했다.** 이로써 오스만제국은 전쟁 수행에 큰 차질을 빚었고, 결국 독일

---

* 오스만튀르크는 지금의 튀르키예 지역에서 일어났다. 튀르크족은 중앙아시아에서 흥기한 민족이었다. 이들은 이슬람 제국의 용병 집단에서 시작하여 점차 권력을 획득하였기 때문에 정통 이슬람과는 차이가 있었다.

** 이때 영국과 후세인을 연결하는 역할을 수행한 공작원이 로렌스 대위와 거트루트 벨이었다. 두 남녀 공작원의 활약으로 영국과 후세인 반란 세력은 내부의 불신과 갈등을 효과적으로 수습하고 오스만제국을 아라비아반도에서 몰아낼 수 있었다. 로렌스 대위는 〈아라비아의 로렌스〉(1962)로, 거트루트 벨은 〈퀸 오브 데저트〉(2015)로 각각 영화화되었다.

아랍 민족운동을 이끌었던 후세인 빈 알리(왼쪽)와 영국 외교관 헨리 맥마흔 (오른쪽).

의 항복과 함께 그들도 연합국에 항복하게 되었다.

이슬람 공동체 움마의 느슨한 연합과 영적 지도자 칼리프의 지도력으로 운영되는 이슬람 국가에서 서양의 근대 민족주의는 독이 되었다. 결국 근대 민족주의 세력이 장악한 오스만튀르크는 자멸하고 말았다. 오스만제국은 군사적 측면에서 결코 약한 나라가 아니었지만 이슬람 전통사회와 근대 서구 문명 사이에서 정체성을 찾지 못하고 허우적대다 멸망의 길을 걸었다. 무엇보다 안타까운 것은, 그러한 혼란이 지금까지도 이어지고 있다는 것이다. 20세기 중동 이슬람 사회의 혼란은 우리 모두의 비극이 아닐 수 없다.

36 중국

너무 더딘 근대화의 길

중국에서는 1895년 청나라가 청일전쟁에서 패하면서 만주족 지배에 대한 한족의 불만이 고조되었다. 또 양무운동과 변법자강운동 등 서양식 근대화를 추구하는 운동과 함께 민족주의 사상이 유행하여, 한족 중심 국가를 수립하자는 민족국가운동도 활발히 일어났다. 이 운동은 1911년 신해혁명으로 이어져 결국 청나라는 망하고 강남 지방을 중심으로 중화민국이 수립되었다.

위안스카이, 다시 황제정으로

중화민국의 첫 임시 대총통은 쑨원孫文이었다. 그는 오랫동안 공화국 수립을 위한 혁명운동을 주도했지만 번번이 실패하고 영국과 일본 등에서 망명 생활을 했다. 그래서 중화민국 임시 대총통에 추대되긴 했으나 지도력은 미미했다. 혁명은 국내 혁명 세력이 독자적으로 일으킨 것이었고, 쑨원은 상징적 지도자

난징에 세워진 근대식 무기 제조 공장. 양무운동은 서양의 과학기술, 특히 군수시설을 받아들여 부국강병을 이루고자 했다.

였기 때문이다.

북부 지방에는 양무군 지휘자 출신의 실력자 위안스카이袁世凱가 있었다. 양무군은 1860년대부터 청나라가 추진한 온건한 서양식 근대화 운동인 양무운동의 결과로 설립된 서양식 군대였다. 양무운동이 중단된 이후에도 양무 세력은 강력한 군사 집단으로 독립적인 세력을 유지하고 있었다. 혁명으로 궁지에 몰린 청나라 정부가 위안스카이에게 구원을 요청했다. 그러나 위안스카이는 혁명에 더 관심이 있었다. 그리고 쑨원은 다양한 세력이 모여 통일성도 없고 군사력도 빈약한 중화민국이 위안스카이에게 대적할 힘이 없음을 잘 알았다. 결국 쑨원이 양보하고 위안스카이가 중화민국 임시 대총통에 취임하여 중화민국이 완성되고 청나라는 공식적으로 멸망했다.

하지만 위안스카이의 꿈은 공화정부의 대총통이 아니었다. 그는 '위안袁씨' 왕조를 세우고 싶어 했다. 그에게 신해혁명은 청나라를 멸망시키기 위한 수단에 불과했다. 그러니 위안스카이에게 1차 세계대전(1914)은 관심 밖이었고, 그 틈을 타서 일본이 독일에 선전포고를 하고 중국의 독일 이권 지역인 산둥반도를 공격하여 주요 지역을 점령했다. 일본은 산둥의 항구와 태평양의 독일령 섬을 공격하여 독일 함대를 격파하고 점령하였다.

일본은 동아시아와 서태평양의 독일 세력을 간단하게 제압한 뒤 위안스카이에게 '21개조 요구안'을 제출했다. 독일이 갖고 있던 산둥의 권익을 일본에 넘기고, 남만주 및 내몽골 지역에서 일본의 이익을 보장할 것 등 중국의 주권과 내정을 심각하게 침해하는 요구안이었다. 그러나 위안스카이는 자신이 황제가 되려면 21개조를 수용하는 것이 유리하다고 판단하고 수용하였다. 물론 이것은 국민에게 비밀이었다.

분위기가 무르익었다고 판단한 위안스카이는 1916년 황제가 되기 위한 본격적

중화민국 총통에 오른 위안스카이(1915).

조치를 취하였다. 그러나 누구도 중국이 다시 황제정으로 돌아가는 것을 원치 않았다. 무엇보다 위안스카이를 둘러싼 양무 세력이나 혁명 세력 모두 서양식 근대화를 추구한 이들이었다. 결국 위안스카이는 가장 신임했던 양무파 부하들마저 반대하자 충격을 받고 쓰러진 뒤 영영 일어나지 못하였다.

이러한 정치적 혼란으로 중국은 1차 세계대전, 일본의 산동 공격 같은 중요한 사건이 연이어 일어나는 데도 어떠한 대응도 하지 못한 채 내부 정치 문제에 매몰될 수밖에 없었다. 1차 세계대전 참전은 꿈도 꾸지 못했다.

1차 세계대전이 중국에 끼친 영향

위안스카이가 죽은 뒤 주요 장군들이 휘하 부대를 끌고 곳곳에 독립 정부를 세웠는데 이를 군벌이라고 한다. 직예군벌 펑위샹, 안휘군벌 돤차루이, 만주군벌 장쭤린, 산시군벌 옌시산 등이 중국을 분할 점령하고 권력을 휘둘렀다. 1917년 돤차루이가 베이징을 장악한 뒤 뒤늦게 독일에 선전포고를 하고 연합국의 일원으로 참전하였으나, 연합국은 여러 군벌이 난립하므로 특정

• 1930년대 일본은 중국을 침략하면서 군벌시대를 예로 들며, 중국은 독립국가로 유지되기에 너무 커서 여러 개로 분열될 운명이라는 중국혐오 감정을 퍼뜨려 그들의 침략 명분으로 삼았다. 이러한 중국 대분열설은 오늘날까지도 중국혐오 감정의 일환으로 남아 있다.

1919년 5월 4일 천안문 광장. 베이징의 13개 대학에서 3천여 명의 학생들이 중국의 독일 영토를 일본에 반환하는 베르사유 조약 156조(산둥 문제)에 반대하기 위해 모였다. 이는 공식적으로 5·4운동을 촉발시켰다.

군벌을 중국 정부라고 인정할 수 없다고 생각했다.

1918년 1차 세계대전이 끝나고 파리강화회의에서 일본의 21개조를 둘러싸고 일본과 중국이 충돌했을 때도 연합국은 여전히 군벌 정부의 대표성을 인정할 수 없다는 입장을 유지했다. 일본의 21개조를 승인하는 것은 당연한 귀결이었다.

중국인들은 파리강화회의에서 21개조가 승인되자 이에 반대하는 대규모 운동을 일으켰다. 1919년 5월 4일에 일어난 5·4운동이다. 연합국은 중국의 분노에 놀라 뒤늦게 21개조를 철회하였으며, 쑨원은 그 폭발성에 힘을 얻어 군벌을 타도하는 북벌전쟁을 일으켜 마침내 중국 통일 정부 수립에 성공하였다 (국민혁명). 1차 세계대전은 참전하지 않은 중국에게도 엄청나게 큰 영향을 끼쳤던 것이다.

37 우드로 윌슨

어정쩡한 중립

1912년 미국 대통령선거는 미국 역사에서 매우 드문 특이한 경우였다. 1854년 노예제 폐지를 주장하는 공화당이 창당되고, 1860년 링컨이 출마한 이래로 1908년까지 미국 대통령선거는 공화당/민주당 양당의 대결로 치러졌다. 군소 후보가 출마한 적도 있었지만 양당 구도에 어떤 흠집도 내지 못했다. 이 거대 양당 구도는 오늘날까지 160년째 이어지고 있다.

이상한 선거, 어부지리 당선

유일한 예외가 1912년 대선이었다. 전전임 대통령은 공화당

---

* 제3후보는 항상 3등을 면치 못했으며, 선전했다 해도 10퍼센트를 약간 넘는 득표율을 보였고 선거인단을 확보한 적은 1968년 조지 월리스(독립당 46명), 1946년 스트롬 서먼드(주권당 39명), 1924년 로버트 라폴레드(진보당 13명) 세 차례뿐이었다. 3등 후보 중 가장 높은 득표율을 보인 것은 1992년 선거에 출마한 무소속 로스 페로 후보의 18.9퍼센트인데 선거인단을 단 1명도 얻지 못했다.

시어도어 루스벨트Theodore Roosevelt였고, 전임 대통령은 역시 공화당의 윌리엄 태프트William Taft였는데 대선 후보 선출 과정에 불만을 품은 루스벨트가 탈당해 진보당을 창당하고 출마하면서 양당 구도가 깨졌다. 게다가 미국 좌파 정당인 사회당에서 유진 데브스Eugene Debs가 출마하여 4파전이 되었다.

선거 결과는 득표율 기준으로 1위 민주당 윌슨Woodrow Wilson 41.8퍼센트, 2위 진보당 루스벨트 27.4퍼센트, 3위 공화당 태프트 23.2퍼센트, 사회당 데브스 6퍼센트였다. 공화당이 창당 이래 유일하게 대선에서 3위를 차지하고, 제3후보가 2위를 차지한 선거였다. 이 선거로 루스벨트의 대중적 인기를 확인할 수 있었으며, 보수의 분열은 필패라는 교훈을 다시 한 번 확인하였다. (그러나 1992년 미국 보수는 또다시 분열로 민주당에게 패배하는 잘못을 반복한다.)

미국 28대 대통령에 당선된 우드로 윌슨은 상당히 어색한 처지가 되었다. 그는 링컨 이후 가장 낮은 득표율로 당선된 대통령이었으며,

1912년 민주당 후보인 우드로 윌슨 대통령 당선인(왼쪽)과 마셜 부통령 당선인(오른쪽)의 승리를 전하는 《하퍼스 위클리Harper's Weekly》 표지.

그것도 상대의 분열 덕에 어부지리로 얻은 자리였다. 취약한 대통령 자리를 유지하려면 지지층을 결집시키고 민주당의 정체성을 확실히 드러내는 정치를 해야 했다.

백인 노동자와 중산층을 위하여

미국 남부를 기반으로 한 민주당은 남북전쟁 이후 자신들이 장악한 남부 주에서 흑인을 분리하고 차별하는 법들을 통과시켜 노예제 폐지의 손실을 만회하려 했다. 일명 '짐 크로법Jim Crow law'이라고 불리는 악명 높은 흑백분리 및 차별 정책들이 민주당의 주요 지지 기반인 남부 대부분에서 시행되었다. 이 법의 시행 배경에는 흑인 노동자들에게 일자리를 빼앗기지 않으려는 백인 노동자들의 요구가 있었고, 따라서 노조와 노조를 기반으로 하는 좌파들이 이 법을 지지했다. 윌슨 역시 이 흑백분리 법안 및 정책들을 지지하고 옹호했는데, 그는 이미 프린스턴대학 총장 시절에 흑인 학생의 입학을 불허한 것으로 유명했다.

이외에도 윌슨은 지지층인 백인 노조와 중간층을 위해 기업의 횡포로부터 노동자의 권익을 보호하고 복지제도를 강화하는 정책들에 공을 들였다. 공정한 임금 제도, 아동노동 금지, 8시간 초과 노동에 대한 수당 지불, 상해나 질병 지원 등의 정책을 만들었으며, 누진소득세 제도를 도입하여 중상류층 과세를 강화하고 서민에게 면세 혜택을 주었다. 또한 연방준비제도를 만들어 중앙은행을 부활시키고 농민을 위한 대출 제도를 만드

미국 오클라호마주 터미널에 설치된 음수대(1939). 백인(White)과 흑인(Colored)의 식수통을 구분하여 분리시켰다.

는 등 금융을 통한 서민 지원 제도도 만들었다. 다만, 당시 화두였던 기업 독점 규제를 위한 '클레이튼 반독점법Clayton Antitrust Act'이 무력화되는 것을 방치하여 비판을 받았다.

흔들리는 고립주의

윌슨의 임기 2년차인 1914년에 1차 세계대전이 일어났다. 미국은 전통적 대외정책인 고립주의에 따라 중립을 선언했다. 고립주의는 5대 대통령 먼로의 이름을 따서 '먼로주의'라고도 하는데, 아메리카에 대한 배타적 지배력과 유럽에 대한 불간섭으로 요약할 수 있다. 특히 전전임 대통령인 공화당의 루스벨트 대통령은 먼로주의를 구체화한 루스벨트 추론 Roosevelt Corollary 에 입각하여 강력한 중남미 간섭정책을 취했다. 윌슨 역시 멕시코 내정에 대한 군사적 개입에 많은 시간을 할애했다. 지지 기반이 취약한 윌슨으로서는 다수의 군인 사상자가 발생할 수 있는 유럽전쟁(1차 세계대전) 참전을 결정할 이유가 없었다. 또한, 참전하지 않고 중립국 지위를 유지하며 유럽에 군수물자를 수출하면 경제적 이익을 얻을 수도 있었다. 이는 특히 윌슨의 지지 기반인 노동자들이 반길 일이었다.

그러나 전쟁이 상상을 초월하는 대규모 전쟁으로 비화하면서 미국도 사정이 복잡해졌다. 미국은 이주민의 나라이고 특히 전체 인구의 3분의 1이 19세기 말에 이주해 왔기 때문에 출신 국가에 대한 애착이 많이 남아 있었다. 당연히 독일계와 오스트리아계, 영국과 독립전쟁 중인 아일랜드계는 독일 편이었고, 영국과 프랑스계는 연합국 편이었다. 전쟁의 전개 상황에 따라 국민 여론이 격동하고 여론이 분열하였다.

미국이 중립을 선언했지만 실제로 중립이 아니라는 점도 문제였다. 영국의 해상봉쇄로 독일 수출길이 막히면서 연합국 쪽

---

* 루스벨트는 산업이 발달한 앵글로색슨의 나라를 문명권, 덜 산업화된 라틴이나 슬라브의 나라를 비문명권으로 규정하고, 후진 문명권은 문명권에게 자원과 시장을 안정적으로 공급함으로써 발전할 수 있다고 보았다. 그리고 후진국의 정치가 불안정할 경우 "부드럽게 말하되 몽둥이를 휘둘러라"라는 속담처럼 강력한 개입정책을 취했으며, 특히 중남미 국가에 대한 군사적 개입에 집중했다.

으로 더 많은 물자가 수출되었고, 이에 대한 독일의 불만과 항의가 만만치 않았다. 미국은 영국이 중립국 선박의 독일 출입을 봉쇄하는 것에 항의했지만 영국이 들어줄 리 없었고 독일이 이해해 줄 리도 없었다. 물론 미국은 중립이므로 영국과 독일 양측과 동시에 무역을 중단할 수도 있었다. 그러나 교역 규모가 작은 독일에게는 그렇게 할 수 있었지만, 규모가 훨씬 큰 영국에게는 그럴 수 없었다. 미국은 사실상 연합국의 경제 지원국이었다.

전쟁에 대한 찬반양론이 치열해지고 중립도 여의치 않은데 1915년 끔찍한 사건이 터졌다. 루시타니아호 사건이었다.

38 루시타니아호 사건

호화여객선의 마지막 항해

　루시타니아호는 1904년에 건조된 영국의 3만 2천 톤급 여객선으로, 1907년부터 미국 뉴욕과 영국 리버풀 사이를 정기적으로 오갔다. 길이 239미터, 너비 26.5미터, 최고 높이 50미터의 거대한 몸체와 24노트의 속도를 자랑하며, 당시 가장 빠른 여객선 중 하나로 한때 대서양 최단 시간 횡단 기록도 갖고 있는 성능 좋고 호화로운 고급 여객선이었다.

　승객을 위한 공간이 다른 배에 비해 1.5배 컸고, 800명의 승무원과 2천여 명의 승객을 수용했다. 배 안에 있는 카페는 루이 16세 시대 신고전주의 스타일의 마호가니 패널로 마감한 벽과 코린토스 양식의 기둥으로 장식되어 있었고, 조지아 양식으로 꾸며진 라운지는 스테인드글라스로 된 6미터 높이의 천장에 화려한 무늬의 카펫이 깔려 있었다. 그 외에도 이루 말할 수 없이 잘 꾸며진 도서관, 집필실, 흡연실 등이 있었다.

루시타니아호는 거대한 몸체와 빠른 속도를 자랑하는 호화로운 고급 여객선이었다.

내부 폭발? 정당한 군사작전이었나

1915년 5월 7일 오후 2시경, 루시타니아호는 뉴욕에서 1,266명의 승객을 태우고 리버풀로 향하는 202번째 항해를 마무리하고 있었다. 리버풀에서 약 400킬로미터 떨어진 아일랜드 남부 해안을 따라 평소보다 약간 느리게 항해하던 루시타니아호의 우현 뱃머리에 독일 유보트가 발사한 어뢰가 명중했고, 이어 배 내부에서 한 차례 폭발이 일어났다. 배는 불과 18분 만에 침몰했다. 배에는 승선 인원 전원이 탈출할 수 있는 48척의 구명정이 있었지만, 너무 빨리 침몰하는 바람에 겨우 6척만이 탈출에 성공했다. 아일랜드 해변에서 산책하던 많은 사람들이 엄청난 참사를 목격하고 비명을 질렀다. 다행히 많은 이들이 구

루시타니아호의 침몰 상황을 묘사한 삽화(1915).

조에 나서 764명의 생명을 구했지만, 무고한 생명 1,198명이 죽고 말았다.

독일은 루시타니아호가 금지된 군수품을 싣고 있는 보조 전함이었기 때문에 정당한 군사작전이었다고 주장했다. 그러나 루시타니아호에 실려 있던 탄창과 약간의 폭발물은 무기류는 아니었다. 내부 폭발 때문에 여러 의혹이 제기되기는 했지만, 공식적으로는 군사작전 대상이 아니라는 것이 영국과 미국의 입장이었다.

루시타니아호 침몰로 미국인 승객 139명 중 128명이 죽었다. 연합군을 지지하는 미국인들은 독일을 규탄하며 미국의 참전을 강력하게 요구하였다. 그러나 윌슨은 전쟁을 원치 않았다.

그는 미국이 평화협상을 중재하여 전쟁을 빨리 종전시키는 것이 올바른 해법이라고 믿었다. 독일이 베르됭 전투 이후 한동안 종전협정을 제안했기 때문에 그의 구상이 비현실적으로 보이지는 않았다.

재선 앞둔 윌슨의 고민

윌슨 대통령은 미국의 중남미 지배력에 더 많은 관심을 쏟았다. 당시 멕시코에서는 전설적인 혁명 지도자 판초 비야Pancho Villa와 카란자Carranza 등이 활약하고 있었는데, 1916년 미군을 파견해 멕시코 깊숙이 들어가 추격전을 벌이기도 했다. 윌슨은 그 외에도 재임 기간 동안 아이티, 니카라과, 쿠바, 파나마 등에 군사개입을 하는 등 강력한 제국주의 정책을 펼쳤다.

더군다나 윌슨은 1916년 11월 대선을 눈앞에 두고 있었다. 1912년에는 보수 분열 덕에 어부지리로 당선되었지만, 1916년 대선은 정반대였다. 공화당은 단결의 분위기가 높았고, 루스벨트 전 대통령이 진보당 후보 지명을 거부하여 제3후보 출마 가능성도 없었다. 1대1로 공화당 후보와 맞붙어서 승리하려면 지지층의 절대적 지지가 필요했다. 특히 군대는 노동자와 흑인의 몫인데 노조가 참전을 지지할지도 명확하지 않았고, 백인들은 대부분 흑인이 무장하는 것을 원하지 않았다.

윌슨은 1916년 대선 캠페인에서 세계대전 불참을 자신의 업적으로 내세웠다. 그해 민주당 전당대회에서 기조 연설자는

"우리는 무엇을 했는가? 우리는 무엇을 했는가? … 우리는 전쟁에 개입하지 않았다. 우리는 전쟁에 개입하지 않았다"라고 반복하여 열광적 분위기를 만들었다.˙ 윌슨은 공화당이 집권하면 참전하게 될 것이라고 주장했다. 1916년 대선 전까지 참전은 불가능한 분위기였다.

그래도 전쟁 준비는 꾸준히 하고 있었다. 1915년 윌슨 행정부는 거대한 규모의 군사력을 증강하는 정책안을 통과시켰으며, 이에 따라 방위군을 확대하고 해군을 증강하는 등 군비를 차근차근 확장해 나갔다.

미국의 선전포고 이끌어 낸 치머만 각서

1916년 11월 대선에서 윌슨은 가까스로 승리했다. 득표율 3퍼센트 차, 선거인단 투표 결과는 277대 254로 겨우 22표차였다. 아슬아슬한 결과였지만 재선에 성공했으니 좀 더 과감한 정책을 추진하는 것이 가능해졌다. 독일이 종전협상을 제안했지만 영국과 의견 차이를 좁히지 못해 결렬됨으로써 협상을 통한 평화의 꿈도 물 건너 가는 분위기였다. 또 독일의 무제한 잠수함 작전으로 미국 상선의 피해가 커지면서 참전 여론이 높아졌다. 1917년 3월혁명으로 러시아가 연합국에서 빠지자, 전제 왕정

˙ 앨런 블랭클리, 《있는 그대로의 미국사 3》, 황혜성 외 옮김, 휴머니스트, 2005, 26쪽.

 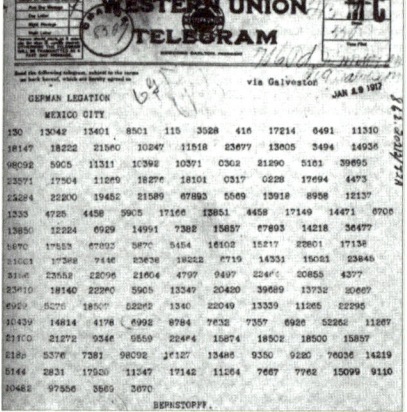

독일 외무장관 아르투루 치머만(왼쪽)은 멕시코에 연합을 제안하며 그 대가로 영토 회복을 약속하는 비밀 전문(오른쪽)을 보냈다.

에 대해 부정적 시각을 갖고 있던 미국인들의 우려*도 불식되었다.

결정타는 치머만 각서였다. 독일 외무장관 치머만Arthur Zimmermann이 작성한 이 문서에는, 멕시코에 연합을 제안하며 그 조건으로 미국에게 빼앗긴 영토 회복을** 약속하는 내용이

---

* 진보적 미국인들은 미국이 연합국에 가담하는 것은 러시아 전제정을 지키는 것이나 마찬가지라고 비판했다.

** 1846~1848년 일어난 미국-멕시코 전쟁. 이 전쟁에서 패한 멕시코는 텍사스의 미국 영유를 인정하고 현재의 캘리포니아, 네바다, 유타, 애리조나, 콜로라도, 뉴멕시코, 와이오밍의 일부를 미국에게 넘겨주었다. 로스앤젤레스, 라스베이거스, 댈러스 등의 유명 도시가 이때 미국 영토가 되었다.

담겨 있었다. 이는 미국의 중남미 지배에 큰 위협이었다. 더군다나 미국 서부와 남부에는 멕시코인들이 많이 살았기 때문에 자칫 미국의 정체성이 흔들릴 수도 있었다.

1917년 4월 미국은 마침내 독일에 선전포고를 했다. 이어 징병법이 통과되어 20세에서 30세까지 모든 남자들이 징병 대상이 되었다. 징병 대상은 이후 18세에서 45세까지로 확대되었다. 여름에 미군 선발대가 프랑스에 도착했으며, 그해 겨울까지 17만 5천여 명의 미군이 파병되었다. 동부전선에서 러시아가 전쟁을 포기하면서 독일이 서부전선에 집중했고, 마침내 1918년 미군이 참가한 연합군과 독일군의 최종 전쟁이 시작되었다.

39 미국 참전

새로운 패권국의 등장

마침내 미국이 유럽의 전쟁에 뛰어들었다. 100년 동안 고수해 왔던 고립주의가 깨지고, 영국을 대신할 새로운 패권국가가 등장하는 순간이었다. 세상의 중심이 대서양에서 태평양으로, 민족국가 시대에서 다민족국가 시대로, 중앙집권 시대에서 지방분권적 연방제 시대로 넘어가는 신호탄이었다. 1차 세계대전은 결정적으로 세상의 중심을 바꾸었다. 이제 미국은 세계의 주역이 되었으니 적당히 도와주면서 굿이나 보고 떡이나 먹는 수준으로는 곤란했다. 미국은 전력을 다해야 했고, 미국 국민 전체가 전쟁에 휩쓸렸다.

미국이 쏟아부은 물자와 병력

미국 징병법에 따라 1917년에는 950만 명, 1918년에는 2,400만 명이 징병위원회에 등록되었다. 이 중 480만 명이 징병되었고, 200만 명이 서부전선에 투입되었다. 참혹하고 지루한 참호

1918년 10월 1차 세계대전에 참전하여 작전을 펼치고 있는 프랑스 주둔 미군 제301전차대대.

전의 수렁에 빠져들어 수많은 젊은이들이 이역만리 유럽 땅에서 소모전의 희생양이 되었다. 총 사상자는 28만 명으로 추정되는데, 이는 전쟁 막판에 유행한 스페인독감으로 인한 사망자는 뺀 것이다. 스페인독감으로만 미군 6만여 명이 죽었다.

미군은 영국·프랑스군과 별개로 독자적인 작전을 펼치는 것을 선호했다. 그래서 서부전선의 격전지인 벨기에-프랑스 전선에서도 주로 남부에서 활약했고, 영국군과 프랑스군은 서부에서 활동했다. 미군은 파리에서 불과 60여 킬로미터 떨어진 샤토티에리에서 독일군의 마지막 파리 공격을 격퇴하기도 했다.

미군의 전투 중 가장 격렬한 전투로 '뫼즈-아르곤 전투'를 꼽는다. 1918년 9~11월 미군은 프랑스-벨기에 국경 근처의 뫼즈강과 아르곤 숲 일대에서 독일군에게 결정타를 먹이기 위해 총인원 120만 명, 탱크 380대, 비행기 840대, 대포 2,780문을 동원했다. 미군은 독일군의 강력한 반격으로 고전했지만 엄청난 물자와 병력으로 독일이 휴전을 제안할 때까지 계속 밀어붙였다. 이 전투에서 미군은 12만 명 이상의 사상자를 냈다.

미군의 또 다른 역할은 대서양 항로의 연합군 수송선을 안전하게 보호하는 것이었다. 당시 미국 해군의 능력은 의심스러웠지만, 빠른 구축함의 폭뢰 공격으로 독일 유보트를 효과적으로 공격하며 해로를 보호했다. 미국 참전 직전 한 달 동안 대서양에서 연합군 선박 90만 톤이 침몰됐지만, 미국 참전 이후에는 침몰 선박이 11만 톤까지 줄어들었다.

"I Want You For U.S. Army"

많은 군인을 유보트가 우글거리는 대서양을 건너 유럽의 사지死地로 보내야 했기 때문에 참전을 독려할 다양한 캠페인이 필요했다. 이를 주도한 것은 언론인 조지 크릴George Creel이 이끈 공보위원회였다. 독일군을 과장된 악마로 묘사하는 포스터와 영화 등을 제작하는 한편, 전쟁에 적극 참가할 것을 독려했다. 유명한 "I Want You For U.S. Army" 포스터도 이때 나왔다. 미국을 상징하는 엉클 샘이 손가락으로 정면을 가리키며 강력하게 어필하는 이 포스터는 이후에도 미국의 전쟁 의지를 상징하는 이미지가 되었다.

미국노동총연맹이나 온건한 사회주의자들이 장악한 사회당은 정부와 손을 잡고 노동쟁의를 억제하고 전시 생산에 적극 협조했다. 정부도 노조 달래기에 나서 주당 48시간 노동을 보장하고 단체교섭권을 인정하는 등 노동자의 이익 증진에 힘을 쏟았다. 그러나 윌리엄 헤이우드William Haywood가 이끌

미국의 징병 캠페인 포스터. 미국의 전쟁 의지를 상징하는 대표적 이미지다.

던 급진 좌파 조직 세계산업노조IWW는 유럽 좌파들과 달리 전쟁에 적극 반대하였으며, 전쟁 기간 동안 총 6천여 건의 파업투쟁을 벌였다. 이에 정부는 전시노동국을 설치하여 파업을 분쇄하는 한편 방첩법, 태업법, 보안법 등으로 반전투쟁을 억압했다. 1912년 대선 후보였던 유진 데브스는 이로 인해 1918년 10년형을 언도받고 3년을 복역했으며, 헤이우드는 소련으로 망명했다.

남자들이 군대에 입대하면서 생긴 공백은 여성들이 메꿨다. 특히 남성 노동의 영역인 군수공장에서 여성들의 참여가 두드러져, 기계나 비행기 공장 노동자의 20퍼센트가 여성으로 채워졌다. 여성들의 남성 영역에 대한 참여는 전후 미국 여성의 사회 진출에 큰 도움이 되었다.

백인은 백인부대로, 흑인은 흑인부대로

여성들만으로는 부족해 남부에서 농업노동자로 일하던 흑인이나 멕시코계 노동자들이 군수공장 인력을 채우기 위해 북부 공업지대로 대거 이주했다. 그러자 흑인 무풍지대였던 북부의 백인들이 동요하기 시작했다. 관념적으로 흑인 해방을 지지했지만 막상 일상에서 함께 생활하게 되자 마음속의 흑인 차별의식이 겉으로 표출된 것이다. 분노의 근원에는 역시 저임금 흑인 노동력이 자신들의 일자리를 빼앗아 간다는 피해의식이 있었다. 1917년에 세인트루이스에서 폭동이 일어나 흑인과 백인 40여 명이 사망하기도 했다.

흑인에게 총을 쥐어 주면 안 된다는 의견은 남북전쟁 때도 있었고, 1차 세계대전 참전을 앞두고서도 마찬가지였다. 그러나 서부전선 참호로 보낼 병력을 확보하는 데 흑인만큼 만만한 대상도 없었다. 단지 흑백분리 정책에 따라 흑인들은 흑인부대에, 백인들은 백인부대에 편성하고 차별 대우를 했다.*

1917년 여름 제24흑인보병연대 3대대가 휴스턴 군사기지 건설 현장의 관리 및 경비를 위해 파견되었다. 남부의 분위기상 주민들의 반감이 이루 말할 수 없이 컸는데, 그런 와중에 2

---

* 영화 〈암스테르담〉(2022)은 흑인부대 지휘를 맡게 된 백인 주인공이 흑인 병사와 쌓은 우정을 토대로 1차 세계대전 이후 참전군인 사이에 일어난 파시즘 음모를 저지한다는 내용을 다루고 있다.

1918년 3월 프랑스에 주둔한 미국 제508공병대 흑인 대원.

명의 흑인 병사가 현지 경찰에게 체포, 구타당하는 사건이 일어났다. 이에 분노한 병사 156명이 폭동을 일으켜 현지 경찰과 충돌하여 양측 모두 다수의 사상자가 나왔다. 이 사건으로 흑인 병사 64명이 군사재판에 회부되었고, 19명의 병사는 사형, 나머지 병사들은 종신형을 선고받았다. 경찰 및 민간인은 아무도 기소되지 않았다.

흑백차별의 민주당 정권 치하에서 흑인이 겪을 수밖에 없었던 필연적 사건이었다. 1차 세계대전으로 많은 이들이 참전의 대가를 받았지만 흑인은 예외였다. 똑같이 전쟁에 희생되었지만 흑인은 아무런 보상도 받지 못했다. 이는 1차 세계대전이 끝난 후 거센 흑백 갈등의 원인이 되었다.

40 동부전선

독일, 러시아를 압도하다

동부전선은 러시아와 독일의 대결이 중심이었다. 앞서 보았듯이 독일은 러시아의 병력 모집이 늦어질 것을 대비해 슐리펜 계획을 세웠지만, 러시아가 매우 빠르게 병력을 모아 전선에 나서면서 계획이 어긋났다. 게다가 독일이 서부전선에 집중했기 때문에 동부전선에서 러시아가 유리할 것이라는 전망이 많았다. 그러나 예상은 보기 좋게 빗나갔다.

고전하는 러시아군

러시아는 독일의 가장 동쪽 영토인 동프로이센(현재 폴란드와 우크라이나 사이에 있는 지역)을 점령한 뒤 북쪽에서 독일 본토를 압박하려는 계획을 세웠다. 1군이 북쪽에서, 2군이 남쪽에서 동프로이센의 중심 도시 쾨니히스베르크를 협공했다. 독일군은 처음에는 수비에 치중할 생각이었지만 동부전선 사령관이 힌덴부르크로, 참모장이 루덴베르크로 교체되면서 상황이

탄넨베르크 전투를 지휘하는 힌덴부르크(삽화).

바뀌었다.

러시아군은 지휘관들이 서로 견제하거나 반목했고 각 부대가 독자적으로 작전을 전개했다. 이러한 혼란 속에서 러시아 1군과 2군의 협력이 원활하지 않았고, 가운데 공백 지대까지 발생했다. 힌덴부르크는 그 약점을 노려 러시아 2군을 집중 공격하여 궤멸시켰다(탄넨베르크 전투). 러시아군은 병력의 절반 이상을 잃고 후퇴했다.

한편 동부전선 남쪽에서는 러시아와 오스트리아-헝가리군대가 갈리치아(현재 우크라이나 서부)에서 맞붙었는데, 여기서는 러시아 군대가 승리를 거두었다. 러시아의 우세가 지속되자 독일군은 서부전선에서 병력을 빼내 이곳에 투입해 균형을 맞추었고, 이 때문에 서부전선은 지루한 참호전의 대치 상황으로 빠져들었다.

1915년 독일은 동부전선에서 러시아에 대한 공세를 강화했다. 오스트리아-헝가리군과의 연합작전도 톱니바퀴처럼 잘 짜여 돌아갔다. 반면 러시아는 총체적 난국이었다. 지휘관들의 호흡은 여전히 안 맞았고 명령 체계가 단일하지 못해 중복과 단절이 빈발했으며, 새로운 전쟁 방식이나 전투 기술에 대한 지식도 뒤떨어졌다. 러시아군은 독일군보다 다수였지만 무모한 돌격과 엉터리 전술, 적에 대한 정보 부족으로 무의미한 희생을 되풀이했다. 후방의 군수품 지원도 엉망이었다. 생산과 수송 능력이 후진적이어서 탄약과 포탄이 항상 부족했고, 전방과 후방의 연계도 유기적이지 못했다. 후방 부대도 제대로 활용하지 못했다. 후방의 진지는 공병대가 아닌 민간인이 만들어 엉성했으며, 전방에서 후퇴한 병사들이 그 엉성한 진지에서 또 적을 맞아야 했다.

1915년 러시아는 많은 영토를 빼앗겼다. 당시 전선은 발트해 연안 리투아니아의 리가에서 벨라루스의 민스크, 우크라이나 서부의 테르노필에 이르는 지역에 형성되었는데 이는 모스크바에서 불과 600킬로미터 떨어진 곳이었다.

전선으로 달려간 니콜라이 2세

지휘관 사이의 불화와 전방과 후방의 연계 부족 등으로 전황이 점점 불리해지자 니콜라이 2세는 초조해졌다. 전쟁으로 애국심을 불러일으켜 불안정한 황제 독재 체제를 미봉하려던 계획이 오히려 독으로 다가왔다. 국민들은 연이은 패배와 많은 러시아 청년들의 죽음에 분노하고 황제를 향한 불만을 다시 쏟아내기 시작했다.

국민들의 애국심과 황제에 대한 충성심을 다시 불러일으키려면 황제가 직접 나설 수밖에 없었다. 니콜라이 2세는 자신이 직접 동부전선에 가서 전쟁을 지휘하겠다고 선언했다. 측근들이 만류했지만 황제의 고집을 꺾지 못했다. 하지만 이것은 치명적 잘못이었다. 황제가 떠난 수도 페트로그라드(현 상트페테르부르크)를 황후가 맡게 되었는데, 그녀는 독일 여자로서 국민들에게 인기가 없었고 정치적으로 무능했다. 황제 지배 체제를 지키는 방법은 승리, 그것도 최대한 빨리 승리하는 것뿐이었다. 그러나 황제라고 특별한 군사적 능력이 있을 리 없었다.

1916년 베르됭 전투에서 프랑스가 수세에 몰리자 독일군 병력을 분산시키고자 러시아군이 3월에 벨라루스 북쪽 나로크호수에서 독일군을 공격했다. 그러나 적진을 향한 무모한 돌격으로 수많은 사상자만 내고 후퇴하였다. 오스트리아-헝가리군을 상대로는 성공적인 공세를 펼쳤지만 전세를 만회할 정도는 아니었다.

이 무렵 독일은 폴란드의 독립을 공약했다. 폴란드는 18세기 3차에 걸친 분할로 프로이센과 러시아에게 절반씩 정복당하면서 소멸되었는데, 러시아령 폴란드를 수중에 넣은 독일군이 새로운 정책을 내건 것이다. 독일이 공약한 폴란드 독립은 허울뿐인 꼭두각시 정권에 지나지 않았지만 폴란드인들을 독일 편으로 끌어들이기 위해 필요한 조치였다.

니콜라이 2세가 전선에서 직접 지휘해도 신통한 것은 하나도 없었다. 독일과 맞붙은 전선에서 대부분 패배했고, 만만한 오스트리아나 오스만튀르크와의 전투에서도 일진일퇴의 공방전을 벌였다. 황제는 황후에게 편지를 보내 "이곳에 와서 당신의 남편을 도와주지 않겠소?"라고 하소연할 정도로 심약해졌다.

1차 세계대전 동안 러시아군의 전체 병력 소모는 천문학적이다. 통계가 들쑥날쑥이지만 대략 800만 명의 사상자와 250만 명의 군인이 연합군 포로로 잡혀 1천만 명 이상이 손실된 것으로 추정된다. 전쟁으로 인한 사망자가 전체 인구의 5퍼센트에 달했다. 엄청난 병력 및 군수물자가 동원되고 소모되었으니, 당연히 후방 민간인의 생활은 비참할 지경이었다. 그러나 전선에 머무는 황제는 전쟁에 대한 초조함으로 계속 물자를 독촉했고 국민의 생활은 거의 돌보지 않았다. 국민들의 불만이 최고조에 달한 가운데 1917년 새해가 밝았다.

41 러시아혁명

레닌, 겨울궁전을 장악하다

니콜라이 2세의 황후 알렉산드라는 영국 빅토리아 여왕의 핏줄로, 영국 왕실의 유전병인 혈우병 보인자였다. 혈우병은 여자에게는 나타나지 않고 남자에게만 나타나는데, 니콜라이 2세와 알렉산드라는 4명의 딸을 먼저 낳았기 때문에 혈우병에 대해 전혀 모르고 있었다. 황제와 황후는 가정의 화목을 소중히 여기는 자상한 부모였기에 아이들은 행복했다. 그러나 그토록 원하던 황태자가 태어나자 분위기가 일변했다. 유일한 후계자 알렉세이는 심각한 혈우병 환자로 여러 차례 위독한 지경에 빠졌다. 당시 의학으로 알렉세이의 혈우병을 고칠 가망은 없어 보였다.

라스푸틴 제거 작전

그때 시베리아에서 러시아정교회의 수도승인 라스푸틴이라는 자가 나타났다. 그는 영적인 힘으로 황태자를 치료할 수 있다며 황제 부부에게 접근했고, 실제로 몇 차례 기적 같은 일을 보였다. 신임을 얻은 라스푸틴은 언제든 마음대로 황후와 공주들의 내밀한 공간에 자유롭게 드나들 수 있게 되었고, 이들을 통해 정부의 정책과 인사에 영향을 미쳤다. 황제는 라스푸틴을 경계했지만 아들 때문에 내칠 수 없었고, 황후는 맹목적이었다.

스캔들이 나지 않을 수 없었다. 더군다나 1915년 황제가 전선으로 떠나고 수도 페트로그라드의 겨울궁전에 황후와 공주만 남게 되자 스캔들은 더욱 기승을 부렸다. 독일 여자와 요승의 불륜은 수많은 전사통지서와 곳곳을 유령처럼 배회하는 상이군인들, 굶주려 죽어 가는 아이들과 함께 민심을 요동치게 했다. 그러나 황후는 그런 우려에 아랑곳하지 않았다. 그녀는 라스푸틴을 비판하는 자들을 숙청하면서 자신을 "바지를 입고 있는 여자"라고 표현했다.

혁명의 기운을 감지한 정치인들은 라스푸틴 제거 계획을 짰고, 심지어 황후를 추방할 궁리까지 했다. 결국 1916년 12월 유스포프 등 몇 명의 장교들이 라스푸틴을 처단했다. 라스푸틴이 독약을 먹어도 죽지 않고 총을 맞아도 죽지 않아 물에 빠뜨려 죽였다고 한다.*

---

* 영화 〈킹스맨 퍼스트 에이전트〉(2020)에는 옥스퍼드 공작이 라스푸틴을 죽인다는 설정이 나온다. 영화에서 라스푸틴은 신비한 능력을 가진 자로 독약을 먹어도 죽지 않는다. 결국 치열한 싸움 끝에 물에 빠뜨려 익사시키려 했는데 그래도 죽지 않자 총을 쏴서 죽인다.

거리를 점령한 어머니들

그러나 민중을 분노케 한 것은, 황제 지배 체제와 1차 세계대전에서 드러난 귀족의 무능이었지 라스푸틴이 아니었다. 라스푸틴이 죽었다고 해서 전쟁이 끝나는 것도 아니고 하늘에서 식량이 떨어지지도 않기 때문이다. 배고픔은 국민들에게 점점 최후의 행동을 촉구하고 있었다. 누구보다 분노한 이들은 전쟁에 나간 남편 대신 군수공장을 돌리며 굶주리는 아이를 지켜보아야 했던 어머니들이었다.

1917년 3월 8일 군수공장에서 일하는 여성 노동자들에게 빵 배급이 중단된다는 소식이 알려졌다. 어머니들이 거리로 나와 빵을 달라고 시위를 벌였고 시위의 물결이 곧 도시 전체를 휩쓸었다. 진압군이 출동했지만 "에미에게 총을 쏠 거냐?"라는 울부짖음에 오히려 시위에 가담하는 군인들이 늘어났다. 페트로그라드의 시위 소식은 약간 늦게 황제에게 전달되었는데, 황제는 "내일까지 질서를 회복하라"고 명령했다. 곧 대규모 병력이 투입되어 국민을 향해 총을 쏘기 시작했고, 1,500여 명의 사상자가 발생했다.

병사들은 무고한 국민들의 죽음에 양심의 가책을 느꼈다. 12일 아침, 볼린스키 연대의 키르피츠니코프 하사가 지휘관을 죽이고 반란을 일으키자 연이어 다른 부대들도 반란에 참가했다. 이미 사태가 가망이 없음을 알고 있던 페트로그라드의 지휘관과 귀족들은 황제를 퇴위시키기로 결정했다. 황후는 강경 진압

1917년 3월 8일 페트로그라드에서 열린 세계 여성의 날 집회. 3월혁명의 시작이었다.

을 주도했지만, 사태가 걷잡을 수 없이 악화되자 12일 밤 황제에게 전보를 쳤다.

"양보 불가피, 거리 투쟁 계속, 많은 부대들이 적으로 넘어감."

황후가 사태의 심각성을 전하자, 황제는 자신이 직접 해결하겠다며 수도 복귀를 서둘렀다. 그러나 철도 노동자들의 파업으로 열차가 움직이지 않았다. 그는 수도에서 240킬로미터 떨어진 프스코프에서 열차에 갇힌 채 3월 15일(혹은 17일) 퇴위 조서에 사인했다. 민간인이 되어 페트로그라드로 돌아온 황제는 황후를 안고 울음을 터뜨렸다.

3월혁명에서 11월혁명까지

3월혁명(러시아력으로 2월 23일부터 3월 2일까지, 태양력으로 3월 8일부터 15일까지 진행된 혁명이어서 '2월혁명'이라고도 한다)으로 러시아는 제정이 폐지되고 공화정이 선포되었다. 그리고 케렌스키를 수반으로 자유주의자, 나로드니키, 사회민주주의자(멘셰비키) 등이 임시정부를 조직하였다. 트로츠키가 주도하는 사회주의자들(볼셰비키)은 정권에서 소외되었다.

임시정부는 귀족과 군대의 눈치를 봐야 했다. 귀족과 군부는 군대 통제권과 정치적 주도권을 잃지 않기 위해 니콜라이 2세의 퇴위를 발 빠르게 추진한 덕에 권력을 유지하고 있었으며, 무엇보다 군대를 장악하고 있었다. 임시정부는 온건한 자유주의 개혁을 추진하면서 군대와 국민 사이에서 부유했다.

쟁점은 휴전이었다. 3월혁명은 더 이상 전쟁을 수행할 수 없기에 일어난 혁명이므로 즉각 전쟁을 중지해야 했다. 그러나 전쟁은 상대가 동의해야 끝낼 수 있다. 영국 등 다른 연합국은 러시아의 독자적 전쟁 중지를 강력하게 반대했다. 동부전선이 무너질 경우 서부전선도 위험해지기 때문이다. 1917년 여름 연합국과 약속한 대규모 전투 계획도 있었으며, 또 독일이 어떤 강화 조건을 내걸지도 미지수였다. 폴란드나 우크라이나 문제 등 러시아 영토와 관련된 복잡한 내용이 많았다. 이래저래

1917년 혁명 당시 대중 앞에서 연설하는 레닌.

임시정부는 전쟁을 끝내지 못했다.

전쟁이 지속되고 국민은 여전히 굶주렸으며 전사자도 계속 나왔다. 이런 상황에서 볼셰비키의 지도자 레닌이 발표한 '4월 테제'가 점점 화제가 되었다. 혁명을 통한 과감한 소비에트 사회주의 공화국 수립을 요구하는 내용의 4월테제는 처음에는 지나치게 과격한 주장이라고 묻혔지만, 임시정부에 대한 국민의 실망이 높아지면서 점점 호응하는 세력이 많아졌다.

1917년 6월 소위 '케렌스키 공세'가 펼쳐졌다. 오스트리아-헝가리군에 대한 대규모 공격으로 사전에 충분히 준비된 작전이었지만 러시아군은 대패했다. 40만 명의 병력과 우크라이나 일대의 많은 영토를 잃었다. 무엇보다 이 패배로 러시아군의 기강과 체계가 완전히 무너졌다. 수십만 명의 병사들이 탈영해서 고향으로 도망쳤고, 이들은 볼셰비키의 선동에 따라 소비에트에 참가했다.

1917년 10월 10일 볼셰비키는 때가 무르익었다고 생각하고 봉기를 지시했다. 페트로그라드의 주요 시설이 혁명군에 넘어갔다. 이어 페트로그라드시 전체가, 뒤이어 인근 철도와 교량 등도 혁명군이 장악했다. 11월 7일 마지막으로 남은 겨울궁전을 혁명군이 점령하면서 혁명이 완성되었고 최초의 사회주의 정부가 수립되었다. 이를 '11월혁명'이라고 한다.

실패로 돌아간 제정복고운동

3월혁명 이후 니콜라이 2세와 그 가족은 우랄산맥 인근의 소박한 민가에 수용되었다. 군인들의 감시를 받았지만 가족들은 평범한 서민으로 행복하게 생활했다. 그러나 11월혁명 이후 점점 상황이 나빠졌다. 특히 니콜라이 2세 복위 운동이 일어나자 볼셰비키는 황제와 그 가족의 처리에 대해 고민을 거듭했다. 1918년 7월, 황제 가족은 예카테린부르크의 어느 집으로 끌려갔고 그곳 지하실에서 모두 총살당했다.

황제 가족의 총살 소식이 전해지자, 소비에트 정부를 규탄하는 목소리가 높아지고 반혁명 전쟁도 거세졌다. 이에 황제의 친인척 몇 명이 러시아 제정복고운동을 하며 새로운 황제를 세우자고 주장했다. 누가 황제의 적법한 상속자인가를 둘러싸고 내분이 일어났고, 이 과정에서 유력 후보자의 반대 그룹 일부가 니콜라이 2세의 4녀 아나스타샤 공주가 살아 있다는 주장을 내놓았다. 자신이 아나스타샤라고 자처하는 여성도 몇 명 나타났다. 이 사건은 여러 차례 영화화될 정도로 큰 화제를 모았는데,* 결국 지저분한 상속 분쟁의 일환이었다.

제정복고운동이 실패로 돌아가면서 상속자들도 뿔뿔이 흩어졌고 아나스타샤를 자처하는 사람도 더 이상 나타나지 않았다. 최근 총살 현장 발굴에서 아나스타샤의 유골을 포함한 가족 모두의 죽음이 확인되면서 러시아 황제 정치에 대한 모든 스캔들은 끝이 났다. 이로써 니콜라이 2세가 황제 지배 체제를 수호하기 위해 일으킨 러시아의 1차 세계대전은 역사상 가장 끔찍한 최후로 귀결되며 마무리되었다.

---

* 1956년 영화 〈아나스타샤〉에서는 당대 최고 여배우였던 잉그리드 버그만이 아나스타샤 역으로 나왔다. 이 사건은 1986년에도 영화화되었으며, 1997년에는 애니메이션으로도 제작되었다.

42 브레스트–리토스프크 조약

내전에 휩싸인 러시아

11월혁명으로 수립된 사회주의 러시아 정부의 지도자는 레닌이었다. 형이 황제 암살에 가담했다가 처형된 직후부터 평생을 혁명가로 살았던 레닌은 과감한 결단력의 소유자였다. 그는 즉시 독일과의 전쟁을 끝내기를 원했다. 이제 레닌의 심복이 된 트로츠키는 독일에게 '배상금과 영토 병합이 없는' 조건의 강화 협상을 제안했다. 그러나 독일은 일언지하에 거절했다.

항복 선택한 레닌

독일과의 협상이 지지부진한 사이에 동부전선의 주요 격전지였던 우크라이나가 독일 손아귀에 들어갔다. 독일군은 무력해진 러시아군을 곳곳에서 격파했다. 싸울 의지가 없는 전선의 러시아 군대는 조속한 강화를 원했다.

레닌은 독일의 항복 요구를 들어주어야 한다고 주장했다. 전쟁을 빨리 끝내야 하고, 또 독일은 곧 패전할 것이므로 독일과

1918년 브레스트-리토프스크에서 열린 평화회의.

체결한 협약도 폐기될 것이니 그 내용에 연연할 필요가 없다는 논리였다. 지도자의 지시에 따라 러시아는 독일과 항복협정을 체결하였다. 브레스트-리토프스크 조약이다.

그것은 굴욕적인 항복이었다. 러시아는 모스크바 서쪽의 주요 영토 대부분을 잃었다. 지금의 폴란드·핀란드·에스토니아·라트비아·리투아니아·벨라루스·우크라이나에 해당하는 지역과, 오스만튀르크와의 국경지대 영토도 잃었다. 또 3억 루블의 배상금을 독일에 지불하고, 바쿠 유전의 석유 생산량 25퍼센트를 독일에 매각하기로 했다.

레닌은 굴욕적인 항복이라 해도 평화를 얻을 수만 있다면 만족이라고 생각했지만, 불행히도 전황은 그의 예상과 다르게 전개되었다. 연합군은 동부전선의 러시아군 이탈로 심각한 타격을 입을 것을 우려하여 영국군을 동부전선에 파견하였다. 프랑스군은 오스만튀르크와 싸우던 남부전선에 파견되었다. 이들은 기존의 전선을 유지하는 한편, 러시아 사회주의 정부를 압박했다. 이를 '간섭전쟁'이라고 한다. 간섭전쟁은 사회주의 정부를 무너뜨리려는 목적으로 일어난 전쟁이라고 하지만, 그 발단은 동부전선을 유지하려는 군사작전의 일환이었다.

백군 vs 적군

러시아 내부에서도 반혁명 군대가 일어났다. 체코 해방을 위해 독일군에 맞서 싸우려 했던 체코 독립군이 브레스트-리토프스크 조약에 따라 러시아 군대에 의해 무장해제당하게 되자 총구를 돌려 모스크바로 진군했다. 이에 11월혁명 때 임시정부 요인들과 그들을 지지하던 세력이 러시아 남부 사마라에 수립한 새로운 정부가 체코 군단과 합류했다. 항복을 굴욕으로 생각한 기존 러시아군 장군들은 휘하 병력을 이끌고 반란을 일으켰다.

이들을 '백군白軍', 러시아 사회주의 정부를 지지하는 군대를 '적군赤軍'이라고 한다. 러시아는 외국군 및 백군과 적군의 치열한 전쟁터가 되었다.* 내전은 외부의 적과 싸우는 전쟁보다 더 혹독한 시련이었다. 백군은 적군과 그 지지자를, 적군은 백군과

---

* 내전을 배경으로 하는 영화 중 가장 유명한 것은 〈닥터 지바고〉(1965)이다. 오래전 영화라 요즘 이 영화를 기억하는 이는 많지 않겠지만, 주제가 〈라라의 테마〉의 선율은 떠올릴 사람이 많을 것이다.

러시아 내전 당시 백군(왼쪽))과 적군(오른쪽)의 선전 포스터. 백군의 포스터는 '국제 피해자'라는 제목 아래 카를 마르크스 동상에 러시아의 영혼을 바치는 혁명가들을 묘사하였다. 적군의 포스터는 '레닌 동지가 세상의 오물을 청소한다'라는 제목과 함께 레닌이 서방 자본가들과 군주들을 쓸어 버리는 모습을 담았다.

그 지지자를 학살했다. 이 과정에서 다민족 국가였던 러시아의 많은 민족들이 분리독립하기 위해 봉기를 일으켜 백군에 가담했다가 모두 무참하게 진압당했다. 그 원한은 훗날 사회주의 정부가 붕괴된 뒤 많은 지역이 분리독립하는 계기가 되었다.

    1차 세계대전이 끝난 후 1919년 연합군은 단계적으로 철수하였지만 백-적 내전은 그 후로도 오랫동안 지속되었다. 1922년에 큰 전투는 마무리되었지만, 시베리아 지역에서는 1923년까지 계속되었다. 내전으로 죽은 사람들은 대부분 민간인이었는데, 그 수가 1천만 명을 헤아린다. 러시아는 1차 세계대전이 끝난 뒤에도 더 잔인한 전쟁을 더 오래 겪어야 했다.

내전 이후 사회주의가 걸었던 길

내전으로 가장 큰 타격을 받은 것은 사회주의였다. 장기간 내전을 치르느라 전시경제 체제를 유지했고, 무자비한 반대파 숙청이 '시베리아 수용소'와 함께 사회주의 독재의 고정된 이미지가 되었다(시베리아 수용소는 원래 황제정치에 도전한 사람들의 유배지였다). 사회주의 정권은 점점 통제경제, 궁핍, 감시와 숙청의 독재 체제로 나아갔고 결국 스탈린 독재로 이어지면서 사실상 자유롭고 평등한 사회를 지향한 사회주의혁명은 실패로 끝나고 말았다.

마르크스는 자본주의의 모순으로 공급과잉에 따른 경제공황, 빈부격차로 인한 계급 갈등을 들었고, 이로 인해 계급투쟁이 심화되어 프롤레타리아 혁명이 일어나 사회주의 정부가 수립될 것이라고 주장했다. 실제로 19세기 자본주의는 주기적인 경제공황과 극심한 계급 갈등을 야기했고, 1차 세계대전은 그 모순이 최고로 농축되어 있을 때 터진 사건이었다. 전쟁은 혁명을 진압할 군대를 소모시켰고, 군대로 끌려갈 운명의 노동자들과 후방에서 전쟁 장사로 천문학적 돈을 벌어들이는 자본가 사이의 계급 갈등을 고양시켰다. 결국 계급 갈등을 제어할 능력이 없는 러시아에서 혁명이 일어난 것은 필연이었다.

러시아혁명은 자본주의의 모순으로 고통받는 다른 나라와 민족에게 큰 영향을 미쳤고, 세계 모든 지역에서 사회주의 혁명투쟁이 일어났다. 독일의 사회민주당, 미국의 진보당, 프랑스 사회당 등 유럽 선진국은 물론 박헌영의 조선공산당, 마오쩌둥의 중국공산당, 호치민의 베트남공산당까지 식민지나 반半식민지 민족까지 모두 혁명투쟁을 일으켰다.

그러나 식민지 독립운동이나 반제국주의 투쟁으로 전환한 아시아를 제외하고 다른 지역, 특히 유럽에서는 대부분 사회주의 혁명투쟁은 실패로 돌아갔다. 온건한 사회민주주의자들이 정권을 잡아 계급 갈등을 완화하면서 사회주의자들의 혁명투쟁을 효과적으로 억압했다. 2차 세계대전 이후에는 식민지에서 독립한 나라나 반反제국주의 투쟁에서 승리한 국가들에 사회주의 정부가 수립되었다. 1950년대 세계는 자본주의 진영과 사회주의 진영이 절반씩 차지한 것처럼 보였다. 그러나 1960년대부터 사회주의 정부가 무너지기 시작하더니 1990년대가 되자 대부분의 사회주의 국가들이 무너지고 자본주의 체제로 돌아섰다. 이유가 무엇일까?

러시아혁명이 남긴 것

오늘날 사회주의 국가들의 붕괴 원인은 대부분 독재정치 때문이라고 생각한다. 독재정치는 민중의 의사가 아닌 소수 권력자들이 정치를 독점하고 민중을 착취하는 체제이고, 결국 민중봉기로 타도되는 것이 현대사회의 특징이다. 그런데 왜 민중의 사회주의는 독재정치를 했을까? 이에 대한 답으로 '변질'과 '모순'이 있다.

사회주의가 독재로 변질되었다고 생각하는 사람들은, 사회주의가 민중이 주도하는 직접민주주의를 지향했지만 반혁명 투쟁과 자본주의 국가와의 전쟁 과정에서 독재정치로 변질되었다고 본다. 즉, 사회주의 국가를 지키기 위해 군사력을 증강하고 전쟁을 준비하는 과정에서 국가가 병영 체제로 바뀌면서 결국 독재정치로 변질되었다는 것이다. 이렇게 생각하는 사람들은 사회주의 이론에는 아무 문제가 없으며 최초의 사회주의 이론이었던 세계 동시혁명론, 즉 전 세계가 동시에 사회주의로 넘어가야 한다는 이론을 강조한다. 일종의 마르크스 원리주의에 해당한다.

사회주의 이론 자체에 모순이 있다고 보는 시각도 있다. 사회주의가 시장경제와 절차적 민주주의(의회제도)를 부정한 것은, 재화의 분배와 민중의 의사를 정치에 반영할 시스템을 부정한 것이라는 견해이다. 결국 생산한 물건이 적절하게 분배되지 못하고 소수 엘리트가 정치를 독점하면서 민중 경제가 파탄 나고 궁핍해진 민중을 힘으로 억압하면서 독재정치로 발전한다는 주장이다. 이들은 마르크스주의를 수정해야 한다고 보는데, 이를 '사회민주주의'라고 한다. 오늘날 유럽 좌파들은 대부분 사회민주주의자들이다.

러시아혁명으로 인해 인류에게 절대적 평등사회라는 이상이 현실 가능한 희망으로 전환된 것처럼 보였고, 그것이 1차 세계대전의 유일한 역사적 의미였다. 그러나 그 희망이 끝내 절망으로 바뀌면서 결국 1차 세계대전은 인류에 어떠한 공헌도 하지 못한 대大살육전쟁이었다는 비참한 결말만 남겼다. 전쟁이 인류를 이롭게 한다는 발상 자체가 지독한 역설이니 당연한 귀결이었을지도 모른다.

43 스페인독감

1차 세계대전의 사생아

건강했던 학생이 수업 시간에 졸다가 고개를 책상에 떨어뜨렸다. 교사가 다가가 흔들어 보니 죽어 있었다. 한 청년이 병원을 방문해 의사에게 감기에 걸렸다며 증세를 설명하다가 갑자기 쓰러졌다. 그는 얼마 뒤 죽고 말았다.

1918년 봄부터 정체불명의 전염병이 세계를 휩쓸었다. 인플루엔자라고도 하고 결핵이라고도 하고, 누구는 페스트라고 했다. 의사들도 이 병의 실체를 알지 못했다. 프랑스에 들어온 미군이 들여왔다고도 하고, 전쟁에 동원된 중국 노동자들이 옮겼다고도 했다. 어디서 시작되어 어떻게 퍼졌는지 아는 사람이 없었다. 확실한 것은 젊고 건강한 사람이 더 많이 걸려 죽는다는 것, 퍼질수록 점점 더 치명적이라는 것 정도였다.

병사들과 함께 전 세계로 퍼진 바이러스

전시체제 하에서 언론은 엄격하게 검열을 받았다. 당연히 신종 유행병과 관련된 보도도 통제되었다. 총력전의 시대에 군인과 공장 노동자들의 죽음은 곧 패배의 징후였으니, 국민 사기를 위해서 보도를 통제할 수밖에 없었다. 다만, 중립국인 스페인에서는 보도 통제가 이루어지지 않아 이 병에 대해 자세히 보도되었다. 그리고 어느새 이 신종 유행병은 '스페인독감', 혹은 '스페인 여인'이라는 이름을 얻게 되었다.

전쟁은 스페인독감을 급속히 퍼뜨렸다. 이 병은 기침 등으로 전파되기 때문에 사회적 거리두기가 필요하지만 전쟁 때문에 그럴 수 없었다. 병사들은 적군이 대포를 쏘면 참호 속 밀폐된 공간에서 옹기종기 모여 장시간 갇혀 있었다. 부상을 입은 병사들이 후송되는 야전병원은 언제나 만원이어서 침대가 모자라면 바닥과 복도에까지 환자가 가득했다. 부상병이나 장기간 전선에 있던 병사들이 재충전을 위한 휴가를 받아 돌아간 후방에는 그들을 위로할 술집, 극장이나 콘서트홀, 식당 등이 즐비했다. 국민 사기 진작을 위해 전선에서 승전보가 울리면 대규모 축제와 퍼레이드가 열렸다. 1918년 봄 공세 때는 독일에서, 여름 반격 때는 영국과 프랑스에서 대규모 군중집회가 열렸다.

서부전선에서 역할을 다한 사람들은 배를 타고 고향으로 돌아갔다. 배는 아주 밀폐된 공간이다. 그 안에서 몇 달 동안 죽음의 항해를 하기도 했다. 그런 항해가 전 세계로 이어졌다. 군용도로를 포장하던 세네갈인, 군수공장에서 일하던 중국인, 참전한 인도인…. 아프리카에서 수천만 명, 인도에서도 수천만 명이

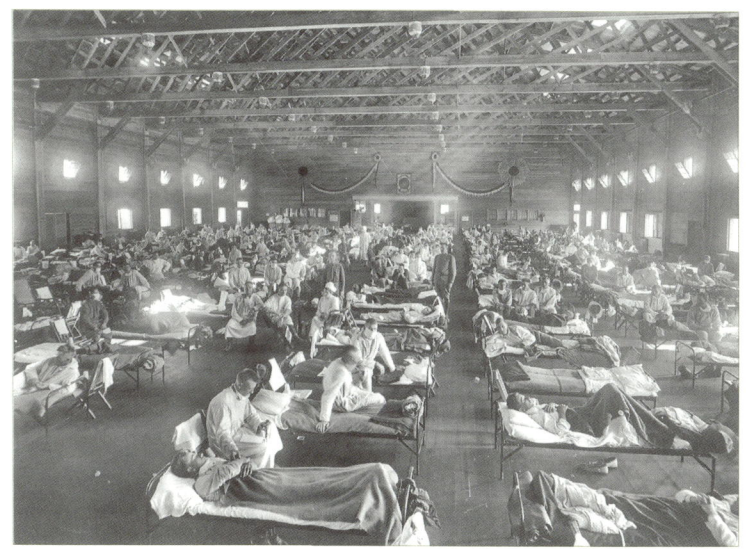

1918년 스페인독감의 유행으로 미국 캔자스주에 마련된 응급병원. 스페인독감은 전쟁 중 군함을 타고 대서양을 건너 미국으로 전파되었다.

스페인독감에 걸려 죽었다.

마하트마 간디는 스페인독감으로 며느리와 손자를 잃었고 얼마 뒤 자신도 '스페인 여인'의 포로가 되었다. 간디는 자신이 죽을 때가 왔다고 생각하고 모든 치료를 거부했다. 그는 아들에게 말했다.

"내 마음은 평온하다. 그래서 죽는 것이 전혀 어렵지 않다."

그러나 간디의 추종자들은 평온하지 않았다.

"간디의 목숨은 그의 것이 아니다. 인도의 것이다."

결국 간디는 염소 젖을 먹고 살아났다. 그는 살아난 뒤 인도인들에게 충분한 휴식과 소화가 잘되는 유동식을 권하며 "증상

이 좀 나아졌다고 해서 일터로 돌아가는 것은 치명적이다"라고 말했다.●

마스크를 쓴 사람들

마스크가 곧 대유행을 했다. 사실 대부분의 마스크는 별 도움이 되지 않는 것이었다. 그래도 많은 이들이 주변 사람들을 감염시키지 않기 위한 최소한의 행동이라고 생각하고 적극적으로 마스크를 썼다. 마스크를 쓴 사람들의 모습은 스페인독감의 상징적 장면이 되었다. 그러나 어딜 가든 마스크를 거부하는 사람이 있기 마련이어서, 미국의 한 검역관은 화가 나서 마스크 쓰기를 거부하는 사람을 총으로 쏘아 체포하기도 했다.

병의 실체를 밝혀 예방하고 치료하려는 사람들의 눈물겨운 노력도 이어졌다. 너무 많이 죽어서 관과 수의를 구하지 못해 시체를 그대로 화장하는 참혹함 속에서 의사들은 동분서주했다. 의사들은 인플루엔자를 규명하기 위해 연구하는 한편, 부족하나마 예방과 치료법을 찾으려 실험하고 논쟁하며 환자들을 돌보았다. 많은 의사와 간호사들이 이 과정에서 감염되어 죽어 갔다.

의사와 의약품 대부분이 군대로 집중되었기 때문에 민간인들은 방치되는 경우가 많았다. 그 와중에도 전쟁과 관련된 각

● 캐서린 아놀드, 《팬데믹 1918》, 서경의 옮김, 황금시간, 2020, 255~256쪽.

1918년 미국 뉴욕주 포트포터에 위치한 육군 제4병원의 의무병 및 병참 장교들이 마스크를 착용하고 있다.

종 행사에 동원되고 전쟁 무기 생산을 위해 공장에 빠짐없이 출근해야 했다. 이들 중 많은 이가 여자와 아이들이었다. 페니실린이나 해열제 같은 중요한 약품들이 군대에 우선 배정되었기 때문에, 여자와 아이들은 살기 위해 온갖 것들을 먹었다.

> 양파 운반차가 오늘 도착했다
> 빨강, 하양, 파랑 레벨이 붙은 양파
> 양파를 먹자. 더 많이, 매일
> 그래서 독감을 몰아내자.**

** 캐서린 아놀드, 《팬데믹 1918》, 194쪽.

스페인독감이 유행하는 가운데 마스크를 착용한 쇼핑객들이 거리를 활보하고 있고, 오른쪽 아래 곤충 모양으로 의인화된 바이러스가 마스크 때문에 우리가 제대로 활동할 수 없다고 말하고 있다. 마스크를 쓰면 안전하다는 메시지를 전하는 삽화(1918).

양파는 물론이고 돌팔이들이 파는 각종 물질(?)들도 먹었다. 옥소(좀약 성분), 아위(가슴통증에 쓰는 악취 나는 약초), 아편, 과망산칼륨(소독제), 비누, 등유…, 이 중 몇몇이 효과를 보면 금방 소문이 퍼졌다.

인류 역사상 최악의 전염병

스페인독감으로 전 세계에서 1억 명 이상이 죽은 것으로 추정된다. 독일 황제 빌헬름 2세와 영국 총리 로이드 조지David Lloyd George 등 1차 세계대전을 이끈 국가 지도자나 프랭클린 루스벨트 같은 미래의 지도자도 '스페인 여인'의 입김에 사경을 헤매다 겨우 살아났다. 1차 세계대전의 주역 마크 사이크스Mark Sykes도 스페인독감으로 승전의 영광을 누리지 못하고 죽음을 맞았다.•

스페인독감이 1차 세계대전을 종료시켰다는 주장은 과장된 면이 있다. 그러나 1918년 스페인독감이 1차 세계대전의 운명을 가르고 종전에 영향을 미친 것은 분명해 보인다. 스페인독감이 아니었다면 과연 독일의 봄 공세가 병력 부족으로 실패로 돌아갔을까?

인류 역사상 최악의 전염병이었던 스페인독감은, 그 전파와 확산이 전쟁과 밀접한 연관을 맺고 있다는 점에서 1차 세계대전의 사생아라고 할 수 있다. 이는 전쟁이 무기를 들고 전선에서 싸우는 것만을 의미하지 않으며 인류 생활 전체에 영향을 미치는 파괴적 사건임을 보여 주는 생생한 증거이자, 전쟁의 참혹함에 대해 더욱 넓은 시각으로 보아야 할 필요를 웅변한 사례였다.

• 사이크스 피코 협정으로 유명한 영국 외교관, 사이크스 피코 협정은 벨푸어 선언, 후세인 맥마흔 서신과 함께 중동의 운명을 결정한 유명한 외교 협정이다.

44 에곤 실레

전쟁 속 예술가들

벨 에포크 시대, 파리에서는 수많은 화가들이 별처럼 빛났다. 마티스·피카소 같은 입체파, 로트레크·무하 같은 인상파 화가들이 활동했으며, 그 외 시인 기욤 아폴리네르, 비평가 거트루드 스타인, 영화감독 장 콕토Jean Cocteau, 작곡가 마스네Jules Massenet(〈타이스의 명상곡〉)와 생상스(〈동물의 사육제〉) 등 많은 예술가들이 있었다. 프랑스의 적국이었던 오스트리아 빈에서도 예술이 꽃피고 있었다. 기존 화단에 반발한 화가들을 '빈 분리파'라고 하는데 〈키스〉로 유명한 클림트Gustav Klimt가 주도했다. 클림트는 1907년에 열일곱 살의 에곤 실레Egon Schiele를 만나 그의 천재적 재능을 알아보고 적극 후원하여 최고의 화가로 성장시켰다.

참전파와 도피파의 엇갈린 운명

1914년 1차 세계대전이 일어나자, 파리와 빈의 예술가들도 전쟁에 휩쓸렸다. 그들은 크게 두 부류로 나뉘었다. 적극적인 참

1차 세계대전에서 전사한 샤를 페기(오른쪽)와 알랭 푸르니에(왼쪽).

전파와 소극적인 도피파였다.

참전파는 주로 파리를 지키고 싶어 하는 예술가들이었다. 이들은 제국의 억압적 분위기를 피해 자유로운 진보적 공화 정부의 수도에서 자유롭게 활동한 사람들인 만큼, 프랑스의 공화정을 지지하고 그 사상을 수호하려 했다. 그들에게 아군은 선이고 적군은 악이었으며, 캔버스의 흑과 백만큼 1차 세계대전은 단순 명료했다.

그러나 참호전은 누구에게나 참혹했고, 총알과 포탄은 모든 병사들에게 평등했다. 아무리 뛰어난 예술가라 해도 피해 갈 수 없었다. 프랑스인이 가장 사랑했던 수필 작가 샤를 페기Charles Peguy는 마른 전투에서 이마에 총을 맞고 전사했고, 1913년 데뷔작 〈대장 몬느〉로 파리 평단의 갈채를 받았던 천재 작

조르주 브라크(오른쪽)와 기욤 아폴리네르(왼쪽).

가 알랭 푸르니에Alain-Fournie는 두 번째 작품을 완성하지 못하고 뫼즈강 인근에서 총에 맞아 전사했다.

요행히 목숨을 건진 예술가들은 살아서 더욱 이름을 빛낼 수 있었다. 조르주 브라크Georges Braque는 야수파의 대표자로서 한때 마담 피카소로 불릴 정도로 피카소의 절친이자 숭배자였다. 그는 참전하여 용감하게 싸우다 1915년 머리에 심각한 부상을 입고 일시적으로 실명하여 화가의 생명이 끝나는 줄 알았으나, 다행히 시력을 되찾았고 1917년 제대 후 큐비즘을 완성했다. 기욤 아폴리네르는 34세의 적지 않은 나이에 군에 입대해서 프랑스를 위해 싸우다 참호에서 포탄 파편을 맞아 심각한 머리 부상을 입었다. 그는 2년 동안 투병하는 와중에도 '초현실주의'라는 용어를 처음 사용하는 등 평론가로서 중요한 업적을 남겼다. 하지만 1918년 스페인독감의 파고를 넘지 못하고 젊은 나이에 생을 마감했다.

　전쟁을 외면한 예술가들도 많았다. 피카소는 절친인 브라크와 기욤의 비난에도 불구하고 참전을 거부하고 도피 생활을 했다. 지인들의 도움으로 참전을 피할 수 있을 때는 파리에 있었지만, 분위기가 좋지 않으면 로마 등 해외에 나가 있기도 했다. 벨기에서 구급차 운전사로 복무한 장 콕토와 교류하면서 무용극 〈익살 광대의 촌극〉을 창작, 공연하기도 했다. 유명세 덕에 전쟁을 피할 수 있었던 피카소는 2차 세계대전 시기에는 나치 치하 파리에서도 꿋꿋이 생활했다.

전쟁 중에도 예술 활동을 이어 갔으나

오스트리아의 빈은 더욱 전쟁을 기피하는 분위기였다. 클림트는 50대여서 전쟁에 나갈 수 없었지만, 24세의 청년 에곤 실레는 전쟁을 피할 수 없었다. 반항적인 자유를 누리던 그에게 전쟁에 참여하는 것은 매우 힘든 일이었다. 에곤 실레는 작품의 모델이었던 발리Wally와 사귀면서 다양한 누드화를 그려 포르노 작가라는 비난을 받았고, 심지어 미성년자 유괴 혐의로 투옥된 적도 있다. 다행히 유괴죄는 무죄선고를 받았지만 미성년자를 데리고 외설적인 그림을 그렸다는 혐의로 유죄를 받고 그림을 압수당했다. 에곤 실레는 이런 갈등을 겪으면서 오스트리아나 독일의 엄격한 사회 분위기를 몹시 싫어했고, 당연히 이런 나라의 권위적 체제를 지키기 위해 군대에 가는 것이 탐탁

에곤 실레와 그의 아내 에디트(1918년경).

할 리 없었다.

실레는 군대에 가도 유부남은 가족과 생활할 수 있도록 허용한다는 사실을 알고 결혼을 서둘렀다. 그의 연인은 발리였지만 안정적인 가정생활을 유지하려면 아무것도 없는 발리보다 중산층인 에디트가 더 유리했다. 에디트와의 결혼으로 그는 군복무 중에도 독립된 생활을 유지할 수 있었다.* 프라하에서 복무할 때는 에디트와 호텔에서 지냈고, 이후 러시아군 포로수용소에서 근무할 때는 에디트와 살면서 그림도 그렸다. 그는 전쟁 중에도 여러 차례 전시회를 가졌고 1917년 빈으로 돌아왔을

* 발리는 간호병으로 전쟁에 참가했다. 1917년 성홍열로 전선에서 사망했다.

때는 상당한 명성을 쌓을 수 있었다.

하지만 그도 1차 세계대전의 죽음의 망령을 피할 수 없었다. 1918년 스페인독감이 빈을 휩쓸었고 에곤 실레의 후견인인 클림트가 2월에 세상을 떠났다. 그해 가을 부부가 모두 독감에 걸렸는데, 전쟁 중에 약을 구하기 어려웠고 구세주 클림트도 이제 없었다. 아내 에디트가 먼저 죽었고, 3일 뒤 에곤 실레도 죽었다. 에디트는 당시 임시 6개월이었다. 부부는 아이를 보지 못하고 세상을 떠났다.

전쟁은 예술가들에게도 상처를 남겼다. 피카소와 기욤, 브라크 등은 한동안 절교 상태였다. 파리의 많은 예술가들이 전후 몸과 마음에 상처를 입고 각각 힘든 길을 걸어야 했다. 무엇보다 예술의 중심이 유럽에서 미국으로 이동하기 시작했다. 화려한 날들은 가고 파리에는 쓸쓸한 낙엽만이 남았다.

45 종전

독일은 왜 항복했을까?

1919년 독일인이라면 한번쯤 이런 생각을 해 보았을 것이다. 동부전선에서 승리하여 막대한 전리품과 함께 '브레스트-리토프스크 조약'을 체결했다. 서부전선에서는 프랑스 북부와 벨기에 일부 등 적국의 영토를 점령하고 있었다. 독일은 단 한 치의 땅도 빼앗기지 않았고, 본토의 국민은 단 한 명도 적군에게 공격당하지 않았다. 도대체 왜 항복한 거지?

이 의문이 결국 히틀러의 나치 정권을 탄생시켰다. 영화 〈서부 전선 이상 없다〉(2022)에서 당시 휴전 협상을 주도한 사회민주당 정부와 협상 대표단장 에르츠베르거Matthias Erzberger가 연합군 대표인 프랑스군 포슈Ferdinand Foch 사령관에게 굴욕적인 저자세로 협상하는 장면을 볼 수 있다. 실제로 포슈 사령관과 연합국은 독일을 가혹하게 밀어붙였고, 이는 독일인에게 치욕적인 역사적 장면으로 각인되었다. 당시 휴전 협상은 콩피에뉴 숲의 기차 객실 안에서 진행되었는데, 훗날 히틀러는 2차 세계

1918년 콩피에뉴 숲 기차 객실에서 이루어진 휴전협정(삽화).

대전에서 프랑스에게 항복을 받을 때 그 객차를 끌고 와 그 안에서 서명을 받았다.

독일의 항복은 불가피했지만 그 과정에서 불필요한 폭력이 있었다. 그 또한 제국주의 시대의 한 단면이었다.

독일의 마지막 공격, 춘계 대공세
동부전선에서 승리를 확정한 후 독일은 대규모 병력을 서부전선으로 돌렸다. 그동안 동부와 서부 양쪽으로 병력이 분산되어 서부전선에서 수세에 몰렸던 독일로서는 만회할 기회가 생긴 것이다. 또, 미군이 참전하기 전에 결정적 승리를 거두어야 한다는 절박함도 있었다. 1918년 3월 독일군은 서부전선에서 이

1918년 3~7월 독일의 춘계 대공세에 밀려 마른강 다리를 건너는 영국 보병.

른바 '춘계 대공세'라는 대규모 공격을 개시하였다.

춘계 대공세는 초반에 성공적이었다. 프랑스군의 참호선이 곳곳에서 뚫렸고, 독일군은 파리를 향해 남하했다. 60킬로미터가량 남진하여 전선은 파리 북부 120킬로미터 지점까지 내려갔다. 독일군 초중포가 파리에 포격을 가하여 파리 시민들이 대피하는 소동이 일어났다. 독일이 승전을 기념하는 국경일을 선포할 정도였다. 그러나 거기까지였다.

더 이상 무기를 생산할 자원과 병력을 충원할 인력이 없었다. 가진 모든 것을 쏟아부었지만 끝내 파리를 함락시키지 못했다. 파리 북부 60킬로미터, 거기까지였다.

1918년 8월부터 11월까지 연합군의 반격, 소위 100일 대공세가 시작되었다. 미군은 독자적으로 작전을 수행했기 때문에

(뫼즈-아르곤 전투) 100일 대공세는 영국, 프랑스, 식민지 군대 등이 주축이 되었다. 대공세의 시작을 연 8월 8일 아미앵 공세 첫날 연합군은 23킬로미터나 전진하였다. 이날은 독일군에게 1차 세계대전 중 가장 최악의 날로 기록되었다. 100일 대공세의 특징은 한곳에 집중하기보다 한곳에서 성과를 거두면 다른 곳으로 시선을 돌려 공격한 점인데, 독일군이 후퇴해서 견고한 저지선을 펴면 그곳을 피해 다른 취약한 지점을 찾아 공격함으로써 그동안의 헛된 병력 손실을 줄이려 했다.

8월 21일 앨버트 전투에서 110킬로미터에 걸친 모든 전선에 연합군의 무자비한 공격이 퍼부어졌고, 독일군은 힌덴부르크선으로 후퇴했다. 힌덴부르크선은 1917년 방어 계획에 따라 착실하게 구축된 견고한 방어진지였다. 9월에 연합군은 힌덴부르크선에 맹공을 퍼부었고, 대규모 탱크전으로 유명한 캉브레 전투와 미군의 뫼즈-아르곤 전투 등으로 방어선을 뚫는 데 성공했다. 독일군 사령부는 휴전의 불가피성을 연일 정부에 보고했고, 정부는 대책에 부심했으나 휴전 조건의 차이로 연합군과의 협상은 이루어지지 못했다.

높아지는 반전 여론

전쟁이 끝나 가고 있었다. 독일의 동맹국들이 속속 항복했다. 제일 먼저 9월에 불가리아가, 10월에는 오스만튀르크가 항복했다. 그리고 마침내 11월 3일 오스트리아-헝가리제국이 항복하였다. 한편 독일에서는 1918년부터 사민당 내 급진파가 주도하는 반전시위가 시작되었다. 1월에 대규모 파업투쟁이 일어났고, 10월에는 직접적으로 전쟁 중지를 요구하는 시위가 베를린에서 일어났다.

11월 3일, 독일 해군사령부는 독단적으로 영국 해군을 공격하기 위해 전투 명령을 내렸다. 패색이 짙어지는 가운데 마지막으로 던지는 무모한 수로, 무고한 인명의 손실만 부를 것이 뻔했다. 이에 키일 군항의 수병들이 불복하여 반란을 일으켰고, 군항의 노동자들이 호응하면서 순식간에 도시가 반란군의 손에 들어갔다. 곧이어 노조와 사민당의 조직력과 시민들의 합세로 반란이 독일 전역으로 확산되면서 혁명으로 발전하였다.

11월 7일, 독일에서 가장 큰 지방인 바이에른에서 사회주의 공화국이 선포되었다. 11월 9일에는 베를린까지 혁명의 불길이 번져 빌헬름 2세가 퇴위 선언 뒤 네덜란드로 망명함으로써 독일제국(1871~1918)이 붕괴되었다. 그날 사민당의 샤이데만 Philipp Scheidemann과 사회주의자 리프크네히트 Karl Liebknecht가 각각 독일 공화국과 사회주의 공화국을 선포했지만, 사회주의 공화국이 지지자를 모으는 데 실패하면서 권력은 최종적으로 사민당 정부에게 넘어갔다. 사민당 정부는 인민대표자위원회를 통한 의회정치로 새로운 공화국을 운영하고자 했고, 위원장으로 사민당의 에베르트 Friedrich Ebert가 선출되었다.

무조건 휴전 택한 사민당

새로운 사민당 정부의 급선무는 휴전이었다. 독일 측 협상 담당자는 가톨릭중앙당의 에르츠베르거였다. 그는 온건 보수였지만 1917년 무제한 잠수함 작전에 반대하면서 협상가이자 중재자로서 활약했다. 그는 독일 국내에서는 사민당 등 좌파와 자유주의 정당의 연합을 이끌어 내고 국외에서는 동맹국이나 러시아와의 협상을 통해 평화를 구축하는 분위기를 만드는 데 큰 활약을 하였다.

11월 6일, 에르츠베르거는 콩피에뉴 숲에서 프랑스와 휴전 협상에 나섰다. 연합군 대표 프랑스의 포슈 사령관은 독일에게 어떠한 조건도 없이 전쟁을 중단하라고 윽박지르면서 에르츠베르거의 제안을 거의 모두 무시했다. 심각한 분위기가 보고되었고, 11월 10일 에베르트 등 신생 사민당 정부 요인들이 모여 대응 방안을 논의했다. 회의 결과, 연합군의 요구를 무조건 수용할 수밖에 없다는 결론이 내려졌다. 11월 11일, 독일에게 굴욕적인 휴전협정이 조인되었다. 이로써 전쟁은 끝났다.

그러나 괴링이 전투기를 몰고 기지를 무단 이탈했던 것처럼 많은 군 장교들은 휴전 조건에 승복하지 않았다. 사민당과 배신자들이 '등 뒤에서 칼을 꽂았다'는 신화가 유포되기 시작했다. 이날부터 독일은 새로운 전쟁을 시작한 셈이다.

46
《서부 전선 이상 없다》

인간의 얼굴을 한 전쟁은 없다

1930년 12월 5일, 베를린의 영화관 모차르트홀에서 영화 〈서부 전선 이상 없다〉가 최초 상영되었다. 영화 도입부에 교사가 청년들에게 애국심을 역설하는 장면이 나올 때 갑자기 고함이 터져 나왔다. "유대인 꺼져라!" 같은 야유가 쏟아지더니 이어서 연막탄과 악취탄이 터졌다. 결국 영화 상영은 중단되었다.

괴벨스가 감추고 싶었던 것

영화 상영을 방해한 주동자는 나치의 선전 책임자 괴벨스였다. 그는 원작자, 원작 출판사 소유권자, 영화 제작사 사장 모두 유대인이라며 이 영화는 독일을 모독하려는 유대인의 음모라고 주장했다. 괴벨스는 영화 상영을 중지할 때까지 가두시위를 하겠다고 선언했고, 실제로 12월 9일 4만여 명의 나치들이 시위를 벌였다. 10일에는 극장에 뱀까지 풀었다. 결국 10일, 영화의 상영금지 결정이 내려졌다.

1929년 스위스에 머물고 있던 레마르크(왼쪽)와 그해 베를린에서 출판된 《서부 전선 이상 없다》 초판본 표지(오른쪽).

　《서부 전선 이상 없다》는 1929년 레마르크Erich Maria Remarque 가 발표한 소설로(그는 유대인이 아니다), 자신이 겪은 참호전의 경험을 토대로 쓴 것이다. 1917년부터 서부전선에서 싸운 레마르크는 왼쪽 다리, 오른쪽 팔과 목 등에 파편을 맞고 사경을 헤매다 겨우 살아났다. 1918년 조국이 철십자 1급 훈장을 수여 했지만 그는 거절했다. 종전 후 다른 제대 군인들처럼 빈곤에 시달렸으나, 나치에 열광하기보다 글을 써서 연명했다. 잡지 편집자로 일하면서 틈틈이 글을 쓰다 마침내 1927년 소설 《서부 전선 이상 없다》를 쓰기 시작했다. 그는 1년 동안 출판사를 찾아 헤매다 겨우 올슈타인 출판사와 계약했고, 1929년 마침내 작품을 내놓았다.

　독일의 진보 세력과 연합국 측에서는 《서부 전선 이상 없다》

를 열렬히 환영했다. 또, 미국의 유니버설 스튜디오가 판권을 사서 1930년 영화화했다(1979년과 2022년에도 영화화되었다). 1931년에는 노벨평화상 후보로 추천되기도 했다.

이 소설은 독일의 열광적인 애국적 분위기, 그런 분위기에 휩쓸려 참전하는 청년들, 그들이 겪은 참호전의 참혹함을 담아 지금도 전쟁의 참상을 고발하는 대표작으로 평가받는다. 이러한 진실에 대한 고발은 진실을 은폐하고 '신화'를 맹신하는 세력에게는 가장 두려운 적이었다. 괴벨스가 일으킨 소동은 바로 여기에 기인한다.

반성 없는 종전이 남긴 것

독일의 굴욕적인 휴전 이후 전쟁의 최종 마무리를 위해 파리강화회의가 열렸다. 미국 대통령 윌슨은 세계대전의 재발을 막기 위해 세계평화안 14개조를 제안했지만 제국주의 국가들은 모두, 심지어 미국 의회조차도 거부했다. 영국과 프랑스 등 제국주의 국가들은 식민지를 토대로 한 그들의 국제적 지위와 경제적 기득권을 유지하고 싶어 했다. 그래서 전쟁의 모든 책임을 독일에게 돌리고 가혹한 징벌적 조약을 체결하였다.

전쟁에 대한 반성 없이 전쟁이 마무리되자, 세계는 곧 1914년 이전으로 돌아갔다. 영국과 프랑스 등은 새로운 라이벌이 등장하지 않도록 철저하게 독일과 그 동맹국들을 응징하고 일어서지 못하도록 감시했다. 전쟁 재발을 막기 위한 군축회담을 했지만 영국과 프랑스의 힘의 우위를 보장하는 불평등한 조약이었고, 이는 일본 같은 연합국조차 이탈하는 계기가 되었다.

우월한 군사력이 곧 전쟁 억지력이라는 1900년대의 잘못이 되풀이되었다. 군사력 증강을 위해 전투기와 탱크 등 1차 세계대전 때 선보였던 여러 신무기들의 성능 개량이 진행되었고, 마지노선 등 대규모 방어진지도 구축되었다. 평화를 앞세운 군사력 증강은 2차 세계대전의 전주곡이 되었다.

증오와 원망에 휩싸인 독일

1919년 독일 사민당 정부는 제2의 러시아혁명을 일으키려는 세력과 싸우는 일부터 시작했다. 관건은 의회였다. 러시아혁명은 제헌의회를 강제로 해산시키고 소비에트가 권력을 독점하면서 사회주의 정부를 수립했다. 독일 공산당 역시 의회를 통해서는 혁명이 불가능하다고 보았다. 의회를 수호하려는 사민당 정부와 부정하려는 공산당의 투쟁은 불가피했다. 이 투쟁은 결국 사민당의 묵인과 보수파 및 민병대의 공격으로 공산당이 패배하면서 끝이 났다. 리프크네히트와 로자 룩셈부르크Rosa Luxemburg 두 지도자는 암살당했다. 훗날 사민당은 다음과 같이 평가하였다.

그들은 혁명적 열정에 이끌렸지만 점차 현실에 대한 판단력을 상실했다. 공산주의 진영 내에서는 그들에 대한 비판의

반전·반제국주의 활동의 선두에 섰던 카를 리프크네히트(왼쪽)과 로자 룩셈부르크(오른쪽).

목소리가 없지 않았다. 그러나 곧 그들은 순교자로 추앙받았다. 독일공산당은 스탈린 정책에 좌우되는 처지로 전락했지만 스탈린 이전에 사망한 그들은 그러한 변화에 대한 평가에 영향을 받지 않았다.•

사민당은 사회주의혁명 확산에 대한 중간층의 공포를 진정시키고 평화롭고 평등한 독일을 만들려고 노력했다. 그러나 가혹한 징벌적 배상으로 경제회복이 어려웠다. 주요 산업지대가 프랑스에 넘어갔고, 배상금 지불을 위한 채무에 허덕였다. 수많

• 베른트 파울렌바흐, 《독일 사회민주당 150년의 역사》, 이진모 옮김, 한울, 2017, 60쪽.

사민당 소속으로 바이마르공화국의 초대 총리를 지낸 샤이데만Matthias Erzberger과 휴전 협정의 대표였던 에르츠베르거가 독일군의 등을 찌르는 장면을 묘사한 정치 만화(1924).

은 전사자 유족과 부상자에 대한 보상이나 지원은 턱없이 부족했다.

독일 국민들은 연합국을 원망했고, 연합국과 치욕적인 조약을 체결한 사민당 정부를 비판했다. 사민당 정부는 처음부터 인기가 없었고, 이 과정에서 좌파와 우파, 공산당과 나치 양측으로부터 공격을 당했다. 미국은 독일 사민당 정부를 위해 배상금 감축과 경제 지원 등의 노력을 했고 많은 지식인들이 사민당 정부를 지키려고 힘썼지만, 1929년 경제대공황으로 모든 노력이 물거품이 되었다. 미국은 지원은커녕 대출해 준 돈을 받기 위해 사민당 정부를 압박했고, 지식인들도 민생고 해결에 목숨을 거는 형편이었다.

'독일은 패배하지 않았다', '배신자들에게 등을 찔렸다'는 신화를 유포하며 참전군인 히틀러와 괴링이 중심이 된 나치가 권력을 장악해 나갔다. 휴전협정의 대표 에르츠베르거 암살은 과거에 대한 숙청의 시작이었다. 독일인들은 패하지 않은 독일군의 부활에 열광했다.

쫓겨난 평화주의자들

레마르크는 결국 스위스로 망명했으며 독일 국적을 박탈당했다. 《서부 전선 이상 없다》는 독일에서 판매 금지되었고, 괴벨스에 의해 화형식을 당하기도 했다. 이어 아인슈타인 등 독일의 대표적 지성들이 유대인이라는 이유로 독일을 떠났다. 아인슈타인은 1차 세계대전 당시 독일 아카데미 소속으로 전쟁 협력을 거부한 거의 유일한 과학자였다. 1차 세계대전 때 평화를 주장하고 종전 후 전쟁을 반성한 이들은 대부분 독일에서 쫓겨났다.

파시즘의 전파와 함께 《서부 전선 이상 없다》도 여러 나라에서 수난을 당했다. 오스트리아와 이탈리아에서 차례로 금서가 되었다. 이 책을 판매 금지한 나라들은 결국 2차 세계대전을 일으키는 데 동참하고 나치의 편에서 싸웠다. 이러한 역사에서 우리는 두 가지 교훈을 얻는다. 하나는 불편한 역사를 외면할 때 어떤 재앙이 일어나는가, 또 하나는 역사에 대한 반성을 게을리할 때 어떤 결과가 벌어지는가이다.

최근 1차 세계대전을 배경으로 하는 영화 〈1917〉과 〈서부

전선 이상 없다〉가 연이어 개봉되어 높은 흥행 성적과 평단의 좋은 반응을 받았고, 1차 세계대전을 소재로 한 책들도 활발하게 출간되고 있다. 왜 지금 1차 세계대전일까? 반성하고 경계해야 할 일들이 바로 지금 일어나고 있기 때문일 것이다. 21세기 자유와 평화와 평등은 지금 우리 주변의 일을 외면하지 않고 관심을 가질 때 얻을 수 있는 것이다.

에필로그

1차 세계대전이 우리에게 주는 교훈은 무엇일까? 1차 세계대전은 산업혁명 이후 근대 자본주의의 발전이 정점에 달했을 때 일어난 전쟁이었다. 100년 동안 축적된 기술, 과학, 사상이 응집되어 폭발한 사건이었다. 그렇기에 인류사상 유례없는 살상력과 파괴력을 보여 주었다.

따라서 세계대전의 재발을 막으려면 근대 자본주의 문명에 대한 반성과 새로운 대안 모색이 필요했다. 그러나 영국을 필두로 한 제국주의 국가들은 자신들의 패권과 세계에 대한 지배적 지위를 계속 누리고 싶어 했다. 문제를 내부에서 찾기보다 외부에서 찾았고, 전쟁의 근원적 문제를 해결하기보다 드러나는 표면적 문제에만 집중했다. 그래서 독일에 가혹한 응징을 했고, 군축회담을 통해 무기 개발과 양산을 억제하였다.

그러나 1차 세계대전은 독일의 침략 야욕 때문에 일어난 것이 아니며, 대량학살은 무기의 성능 때문에 일어난 것이 아니었다. 식민지를 토대로 한 제국주의 질서가 해결되지 않는 한 전쟁은 필연이었다. 결국 2차 세계대전이 일어났고, 1차 세계대전보다 더 무시무시한 파괴력과 살상력에 인류는 시련을 겪었다.

2차 세계대전이 끝난 후 비로소 인류는 반성하고 기존 질서를 돌아보았다. 식민지가 독립하고 모두 자유롭게 무역을 하고 인종주의를 범죄시하고 민족국가에서 다문화 공존의 문화를 만들었다. 물론 쉽지는 않았다. 가장 질기게 식민 지배를 고집한 나라는 프랑스였다. 2차 세계대전이 끝나고 20여 년이 흐른 1960년대를 '아프리카의 해'로 부르는 이유도 프랑스의 아프리카 식민지가 이때 대부분 독립했기 때문이다. 이 때문에 프랑스는 영국과 독일에 뒤처졌다. 프랑스의 상징이 자유와 평등임을 감안하면 아이러니컬한 역사의 전개였다.

21세기 인류는 심각한 위협에 직면해 있다. 신자유주의 질서 속에 빈부격차가 극심해지고 공해와 낭비로 환경재앙이 닥치고 있으며 생태계 파괴로 인류 생존마저 위협받고 있다. 우리는 어떻게 해야 할까?

당연한 이야기지만 그동안 유지해 온 대량생산 대량소비 문명에 대한 근본적 반성과 새로운 대안이 필요하다. 그럼에도 많은 정치인들, 특히 선진국의 정치인들은 지속 가능한 성장 운운하며 기존 체제를 지키면서 환경문제를 해결하려 하고 있다. 이는 미봉책에 불과하다.

20세기 인류가, 그리고 영국과 프랑스가 1차 세계대전이 끝났을 때 제국주의를 반성하고 자유무역을 허용하고 인종주의를 포기했다면 2차 세계대전은 없었을 것이다. 1차 세계대전이 인류에게 주는 교훈은 기존 체제가 절정에 달했을 때 그 모순도 극대화되며, 그때 새로운 세상을 열지 못하면 더 참혹한 결과가 닥친다는 점이다.

지금도 마찬가지다. 미국 주도 하의 신자유주의 질서가 계속 세상을 지배하는 한 어떠한 환경과 생태 논의도 모두 미봉책에 불과할 뿐이다. 군비를 감축해도 2차 세계대전을 막지 못한 것처럼 녹색산업으로는 환경재앙을 막지 못할 것이다. 지금 우리는 다시 한 번 1918년의 세계와 마주하고 있다.

1918년에도 대안은 있었다. 단지 실천하지 않았을 뿐이다. 기존 체제에 입각한 정의관과 가치관, 기존 국제질서에 대한 자부심과 사명감이 너무 강했기 때문에 최대한 그것을 지키면서 문제를 해결하려고 실천을 미룬 것이다.

지금도 마찬가지다. 대안은 있다. 단지 기존 체제의 정의관과 질서에 대한 미련 때문에 망설이고 있을 뿐이다. 그 망설임은 엄청난 파괴로 돌아올 것이다. 더 이상 망설이지 말고 과감하게 새로운 세상으로 나아가자.

사진 출처

16쪽 https://commons.wikimedia.org/wiki/File:Hartmann_Maschinenhalle_1868_(01).jpg
17쪽 https://commons.wikimedia.org/wiki/File:Suspension_bridge_over_the_Tees.jpg
19쪽 https://ko.wikipedia.org/wiki/%EC%A0%9C%EA%B5%AD%EC%A3%BC%EC%9D%98#/media/%ED%8C%8C%EC%9D%BC:Punch_Rhodes_Colossus.png
24쪽 https://commons.wikimedia.org/wiki/File:Moulin_Rouge-_La_Goulue_MET_DT11780.jpg
25쪽 https://commons.wikimedia.org/wiki/File:Le_bar_de_Maxim%27s_par_Pierre-Victor_Galland_(A).jpg
26쪽 https://commons.wikimedia.org/wiki/File:Angling_in_Troubled_Waters_A_Serio-Comic_Map_of_Europe.jpg
29쪽 https://commons.wikimedia.org/wiki/File:S%C3%A4chsische_Maschinenfabrik_um_1905_(01).jpg?uselang=ko
32쪽 https://commons.wikimedia.org/wiki/File:Moloch_Hague_conference_1899.jpg?uselang=ko
37쪽 https://commons.wikimedia.org/wiki/File:%22There_is_always_trouble_when_I_travel.%22-Kaiser_Wilhelm_(J._Campbell_Cory).jpg
39쪽 https://commons.wikimedia.org/wiki/File:Josef_Klaus_Krönung_Kaiser_Franz_Josephs_I._1848.jpg
41쪽 https://commons.wikimedia.org/wiki/File:Balkan_League_and_Hagia_Sophia.jpg
43쪽 https://commons.wikimedia.org/wiki/File:Erzherzog_Franz_Ferdinand_und_seine_Gemahlin_Herzogin_Sophie_von_Hohenberg_(Hofatelier_Kosel).jpg
47쪽 https://commons.wikimedia.org/wiki/File:DC-1914-27-d-Sarajevo.jpg
51쪽 https://commons.wikimedia.org/wiki/File:Kaiser_Alexander_II._von_Rußland.jpg
52쪽 https://commons.wikimedia.org/wiki/File:Vladimirov-krocvavoe-voskr.jpg?uselang=ko
53쪽 https://commons.wikimedia.org/wiki/File:Russian_Imperial_Family_1913.jpg
54쪽 https://commons.wikimedia.org/wiki/File:Grigory_Rasputin_2.jpg
58쪽 왼쪽 https://commons.wikimedia.org/wiki/File:Kaiser_Wilhelm_II_of_Germany_-_1902.jpg
58쪽 오른쪽 https://commons.wikimedia.org/wiki/File:Bundesarchiv_Bild_146-2005-0057,_Otto_von_Bismarck.jpg
60쪽 https://commons.wikimedia.org/wiki/File:The_%22_enfant_ter(ri)ble%22_of_Europe_LCCN2012648777.jpg
64쪽 https://commons.wikimedia.org/wiki/File:George_V_of_the_united_Kingdom_(cropped).jpg
67쪽 https://commons.wikimedia.org/wiki/File:Dreyfus-rennes2.jpg?uselang=ko
69쪽 https://commons.wikimedia.org/wiki/File:Lectures_pour_tous,_1914_(page_9_crop).jpg?uselang=ko

72쪽 https://commons.wikimedia.org/wiki/File:Stuttgart-congress-of-second-international-1907-iisg-big-1.jpg?uselang=ko

74쪽 https://commons.wikimedia.org/wiki/File:Deputy_Haase,_Chairman_of_the_Peoples%27_Commissaries,_addressing_the_crowd_on_Tempelhofer_Feld_(4688524968).jpg?uselang=ko

79쪽 https://commons.wikimedia.org/wiki/File:Emperor_Taishō.jpg?uselang=ko

80쪽 왼쪽 https://commons.wikimedia.org/wiki/File:Shigenobu_Okuma_5.jpg?uselang=ko

80쪽 오른쪽 https://commons.wikimedia.org/wiki/File:Kato_Takaaki.jpg?uselang=ko

84쪽 https://commons.wikimedia.org/wiki/File:Chetniks_with_Ottoman_officers_in_Skopje_during_Young_Turk_Revolution_(1908).jpg?uselang=ko

85쪽 https://commons.wikimedia.org/wiki/File:Cemal_Paşa_Colored.jpg?uselang=ko

88쪽 https://commons.wikimedia.org/wiki/File:Alfred_von_Schlieffen.png?uselang=ko

90쪽 https://commons.wikimedia.org/wiki/File:The_Battle_of_Frontiers,_August-september_1914_Q53206.jpg?uselang=ko

95쪽 https://commons.wikimedia.org/wiki/File:French-Soldiers-War-Germans-Meaux-Battle-Marne.jpg?uselang=ko

98쪽 https://commons.wikimedia.org/wiki/File:WW1_Western_Front_at_Nieuport.jpg

99쪽 https://commons.wikimedia.org/wiki/File:Manual_of_military_engineering_(1905)_(14595809250).jpg

103쪽 https://commons.wikimedia.org/wiki/File:The_Invention_of_the_Machine_Gun;_Hiram_Maxim_Q81725.jpg

105쪽 https://commons.wikimedia.org/wiki/File:Austro-Hungarian_artillery_1914.jpg

108쪽 https://commons.wikimedia.org/wiki/File:Trench_warfare.png

111쪽 https://commons.wikimedia.org/wiki/File:A-Photo-of-German-Soldiers-During-the-Battle-of-Ypres-352029188390.jpg

114쪽 https://commons.wikimedia.org/wiki/File:Berliner_Physiker_u_Chemiker_1920.jpg

116쪽 https://commons.wikimedia.org/wiki/File:American_soldiers_in_presence_of_gas_(Reeve_037283),_National_Museum_of_Health_and_Medicine_(3298004847).jpg

121쪽 왼쪽 https://commons.wikimedia.org/wiki/File:Ugolini-Ritratto_di_Re_Vittorio_Emanuele_II.jpg

121쪽 오른쪽 https://commons.wikimedia.org/wiki/File:Francesco_Hayez_-_Camillo_Benso_Conte_di_Cavour.jpg

123쪽 https://commons.wikimedia.org/wiki/File:WWI_-_Battle_of_Caporetto_-_New_Italian_Line_at_the_Piave_River_-_Lancers_await_their_orders_near_Fossalta.jpg

126쪽 https://commons.wikimedia.org/wiki/File:Benito-Mussolini-as-a-soldier-in-Bersaglieri-391853218821.jpg

130쪽 https://commons.wikimedia.org/wiki/File:Quadriumviri_e_mussolini_a_napoli.JPG

131쪽 https://commons.wikimedia.org/wiki/File:1938_caricature_of_Benito_Mussolini_and_Adolf_Hitler.jpg

134쪽 https://commons.wikimedia.org/wiki/File:Bataille_de_Verdun_1916.jpg

136쪽 https://commons.wikimedia.org/wiki/File:Fort_Douaumont_Eingangstor.jpg
138쪽 https://commons.wikimedia.org/wiki/File:Verdun_15_03_1914_Toter_Mann_297.jpg
141쪽 https://commons.wikimedia.org/wiki/File:Frech_long_gun_battery_overrun_at_Verdun_(alternate_view).jpg
143쪽 https://commons.wikimedia.org/wiki/File:55-Verdun-sur-Meuse-rue_Saint-Pierre_bombardements-1916.JPG
148쪽 https://commons.wikimedia.org/wiki/File:Philippe_Pétain_(before_1918).jpg
150쪽 https://commons.wikimedia.org/wiki/File:Photographie_des_locaux_de_l%27Action_française_à_Lyon_pendant_la_Seconde_Guerre_mondiale.jpg
152쪽 https://commons.wikimedia.org/wiki/File:Austro-daimler-AFV2.jpg
154쪽 왼쪽 https://commons.wikimedia.org/wiki/File:Gunther_Burstyn.jpg
154쪽 오른쪽 https://commons.wikimedia.org/wiki/File:Burstyn_Motorgeschütz123.gif
155쪽 https://commons.wikimedia.org/wiki/File:Zerstörter_Schneider_CA1_Panzer_in_Frankreich.jpg
156쪽 https://commons.wikimedia.org/wiki/File:British_Mark_I_male_tank_Somme_25_September_1916.jpg
160쪽 https://commons.wikimedia.org/wiki/File:Heinz_Guderian_portrait.jpg
161쪽 https://commons.wikimedia.org/wiki/File:Bundesarchiv_Bild_101I-012-0035-11A,_Polen,_Panzer_I_und_Infanterie.jpg
163쪽 https://commons.wikimedia.org/wiki/File:Pattonphoto.jpg?uselang=ko
167쪽 https://commons.wikimedia.org/wiki/File:Postcard_LZ_47_LZ_77_Luftschiff_Zeppelin.jpg
169쪽 https://commons.wikimedia.org/wiki/File:Richthofen_and_Falkenhayn_with_Fokker_Dr.I_c1918.jpg
173쪽 https://commons.wikimedia.org/wiki/File:Göring_Kalmar.jpg
175쪽 위 https://commons.wikimedia.org/wiki/File:Duitse_Junkers_Ju_87_%22Stuka%22_2157_008308.jpg
175쪽 아래 https://commons.wikimedia.org/wiki/File:Messerschmitt_Bf_109_G-2_(SA-kuva_150329).jpg
179쪽 위 https://commons.wikimedia.org/wiki/File:French_ironclad_Gloire_by_Louis_Le_Breton.jpg
179쪽 아래 https://commons.wikimedia.org/wiki/File:HMS_Warrior_(1860).jpg
182쪽 https://commons.wikimedia.org/wiki/File:HMS_%27Warrior%27_and_%27Warspite%27_at_the_Battle_of_Jutland,_31_May_1916,_about_18.25_RMG_PW2214.jpg
185쪽 https://commons.wikimedia.org/wiki/File:P_076--RSoF--Winston_Churchill_21_in_uniform.jpg
188쪽 https://commons.wikimedia.org/wiki/File:Joseph_Stalin,_Franklin_D_Roosevelt_and_Winston_Churchill,_in_Teheran,_1943,_edit.jpg
191쪽 https://commons.wikimedia.org/wiki/File:EB1911_Ship_Fig._127_-_Goubet_

Submarine_Torpedo-boat.png

193쪽 https://commons.wikimedia.org/wiki/File:Sinking_of_the_Lusitania_at_NYT_title,_May_8th,_1915.jpg

195쪽 https://commons.wikimedia.org/wiki/File:UC_5_sub_at_NY1.jpg

197쪽 https://commons.wikimedia.org/wiki/File:The_Women%27s_Army_Auxiliary_Corps_during_the_First_World_War,_France_Q8476.jpg

198쪽 https://commons.wikimedia.org/wiki/File:THE_ARMS_PRODUCTION_IN_BRITAIN_IN_THE_FIRST_WORLD_WAR_Q27866.jpg

203쪽 https://commons.wikimedia.org/wiki/File:Bundesarchiv_Bild_146-1974-082-44,_Adolf_Hitler_im_Ersten_Weltkrieg_retouched.jpg

206쪽 https://commons.wikimedia.org/wiki/File:Bundesarchiv_Bild_146-1978-004-12A,_NSDAP-Versammlung_im_Bürgerbräukeller,_München.jpg

207쪽 https://commons.wikimedia.org/wiki/File:Hitler_accepts_the_ovation_of_the_Reichstag_after_announcing_an_Anschluss_with_Austria,_Berlin,_March_1938.jpg

209쪽 https://commons.wikimedia.org/wiki/File:1st_INC1885.jpg

211쪽 https://commons.wikimedia.org/wiki/File:Ministry_of_Information_First_World_War_Official_Collection_Q25709.jpg

212쪽 https://commons.wikimedia.org/wiki/File:Gandhi_back_in_india1915.gif

213쪽 https://commons.wikimedia.org/wiki/File:Gandhi_spinning_1942.jpg

217쪽 https://commons.wikimedia.org/wiki/File:Ottoman_Empire_declaration_of_war_during_WWI.png

218쪽 https://commons.wikimedia.org/wiki/File:Ottoman_regimental_flag_at_Kanlisirt.jpg

220쪽 왼쪽 https://commons.wikimedia.org/wiki/File:Sharif_Husayn.jpg

220쪽 오른쪽 https://commons.wikimedia.org/wiki/File:Sir_Henry_McMahon_by_John_Collier.jpg

222쪽 https://commons.wikimedia.org/wiki/File:NANKING_ARSENAL.jpg

223쪽 https://commons.wikimedia.org/wiki/File:YuanShikaiPresidente1915.jpg

225쪽 https://commons.wikimedia.org/wiki/File:Chinese_protestors_march_against_the_Treaty_of_Versailles_(May_4,_1919).jpg

228쪽 https://commons.wikimedia.org/wiki/File:1109120001d12w.jpg

230쪽 https://commons.wikimedia.org/wiki/File:Black-and-white-white-photography-usa-america-black-1142547.jpg

234쪽 https://commons.wikimedia.org/wiki/File:RMS_Lusitania_coming_into_port,_possibly_in_New_York,_1907-13.png

235쪽 https://commons.wikimedia.org/wiki/File:Lot-3632-16_(33231154075).jpg

238쪽 왼쪽 https://commons.wikimedia.org/wiki/File:Artur_Zimmermann._Staatssekretär_des_Auswärtigen_Amtes.png

238쪽 오른쪽 https://commons.wikimedia.org/wiki/File:WWI_telegram.png

241쪽 https://commons.wikimedia.org/wiki/File:The_American_Army_in_France_during_the_First_World_War_Q49398.jpg

243쪽 https://commons.wikimedia.org/wiki/File:30b_Sammlung_Eybl_USA_James_Montgomery_Flagg_(1877-1960)_I_want_you_for_U.S._Army._1917._101_x_76_cm._(Coll..Nr._3116).jpg

245쪽 https://commons.wikimedia.org/wiki/File:American_First_World_War_Official_Exchange_Collection_Q85384.jpg

247쪽 https://commons.wikimedia.org/wiki/File:Bundesarchiv_Bild_103-121-018,_Tannenberg,_Hindenburg_auf_Schlachtfeld.jpg

254쪽 https://commons.wikimedia.org/wiki/File:1917_International_Women%27s_Day_-_Petrograd.jpg

256쪽 https://en.wikipedia.org/wiki/File:Lenin_halka_hitap_ederken.jpg

260쪽 https://commons.wikimedia.org/wiki/File:Peace_Conference_at_Brest-Litovsk_LOC_24861173432.jpg

262쪽 https://commons.wikimedia.org/wiki/File:Russian_civil_war_posters.png

269쪽 https://commons.wikimedia.org/wiki/File:Emergency_hospital_during_Influenza_epidemic,_Camp_Funston,_Kansas_-_NCP_1603.jpg

271쪽 https://commons.wikimedia.org/wiki/File:Medical_Department-_Influenza_Epidemic_1918-_Spanish_influenza_in_army_hospitals._Medical_and_quartermaster_corps_men_in_connection_with_the_United_States_Army_Hospital_Number_4,_Fort_Porter,_New_York-_NARA_-_45499313_(cropped).jpg

272쪽 https://commons.wikimedia.org/wiki/File:The_Chief_Objectors_-_Holiday_Shopping_1918_Pandemic.jpg

275쪽 왼쪽 https://commons.wikimedia.org/wiki/File:Charles-peguy.jpg

275쪽 오른쪽 https://commons.wikimedia.org/wiki/File:Alain-Fournier,_full_portrait,_190 5.jpg

276쪽 왼쪽 https://commons.wikimedia.org/wiki/File:Georges_Braque,_1908,_photograph_published_in_Gelett_Burgess,_The_Wild_Men_of_Paris,_Architectural_Record,_May_1910.jpg

276쪽 오른쪽 https://commons.wikimedia.org/wiki/File:Guillaume_Apollinaire_-_Septembre_1911.jpg

278쪽 https://commons.wikimedia.org/wiki/File:Egon_Schiele_und_Edith_Harms.jpg

281쪽 https://commons.wikimedia.org/wiki/File:Waffenstillstand_11.nov_1918.jpg

282쪽 https://commons.wikimedia.org/wiki/File:The_German_Spring_Offensive,_March-july_1918_Q6669.jpg

287쪽 왼쪽 https://commons.wikimedia.org/wiki/File:Bundesarchiv_Bild_183-R04034,_Erich_Maria_Remarque_(cropped).jpg

287쪽 오른쪽 https://commons.wikimedia.org/wiki/File:Remarque_Im_Westen_nichts_Neues_1929.jpg

290쪽 왼쪽 https://commons.wikimedia.org/wiki/File:Karl_Liebknecht_001.jpg

290쪽 오른쪽 https://commons.wikimedia.org/wiki/File:Rosa_Luxemburg_(cropped).jpg

291쪽 https://commons.wikimedia.org/wiki/File:Stab-in-the-back_cartoon_1924.jpg

현대문명의 묵시록
1차 세계대전史

2024년 9월 15일 초판 1쇄 발행

지은이 | 표학렬
펴낸이 | 노경인·김주영

펴낸곳 | 도서출판 앨피
출판등록 | 2004년 11월 23일
주소 | (10545) 경기도 고양시 덕양구 향동로 218
　　　 (향동동, 현대테라타워DMC) B동 942호
전화 | 02-710-5526　팩스 | 0505-115-0525
블로그 | bolg.naver.com/lpbook12
전자우편 | lpbook12@naver.com

ISBN 979-11-92647-37-1